Dario Azzellini
Vom Protest zum sozialen Prozess

Dario Azzellini, Research Fellow an der School for Industrial and Labor Relations, Cornell University, Ithaca, USA, forscht seit über 15 Jahren zu Arbeiter*innenselbstverwaltung und Formen lokaler Selbstverwaltung weltweit. 2010 erschien von ihm bei VSA: »Partizipation, Arbeiterkontrolle und die Commune. Bewegungen und soziale Transformation am Beispiel Venezuela«.

Dario Azzellini

Vom Protest zum sozialen Prozess

Betriebsbesetzungen und Arbeiten in Selbstverwaltung

Eine Flugschrift

VSA: Verlag Hamburg

www.vsa-verlag.de
www.azzellini.net

Dank an Jan Schwab, Simon aus Bern und ganz besonders an Claudia Fix und Mario Becksteiner für das Lesen einzelner Kapitel und wertvolle Rückmeldung, Johannes Liess für die gute und schnelle Übersetzung des Beitrags »Labour as a Commons«, Maria Fernanda Barreto für die Vereinheitlichung und Korrektur der Bibliografie, Gerd Siebecke und den VSA: Verlag für die schnelle Reaktion und Publikation des Buches, an Andrés Ruggeri für den kontinuierlich interessanten Austausch via Email und vor allem allen Arbeiter*innen der Betriebe, die ich besucht habe und über die ich schreibe. Ich danke der School of Industrial and Labor Relations (ILR) der Cornell University in Ithaca, NY, und dort vor allem Virginia Doellgast und Ian Greer für ihren Rückhalt und ihre Freundschaft. Und schließlich danke ich meinem Sohn Camilo Turi dafür, dass er mein Leben unendlich bereichert, und widme ihm dieses Buch. Camilo Turi hat selbst auch fast ein Dutzend der Betriebe besucht.

© VSA: Verlag Hamburg 2018, St. Georgs Kirchhof 6, 20099 Hamburg
Alle Rechte vorbehalten
Titelgrafik: Wandgemälde an der besetzten Fabrik von RiMaflow in Trezzano sul Naviglio, im Industriegürtel von Mailand (s.S. 32ff.; Foto: Dario Azzellini)
Druck und Buchbindearbeiten: CPI books GmbH Leck
ISBN 978-3-89965-826-2

Inhalt

Vorwort 7

Kapitel 1
Antwort auf die Krise? 17
Betriebsbesetzungen und Selbstverwaltung in Europa,
im Mittelmeerraum und den USA

Rückeroberte Betriebe unter Arbeiter*innenkontrolle (RBA)
in Frankreich 23
Italien: Officine Zero und RiMaflow 28
Ex-Jugoslawien: Aus den Trümmern von Krieg
und Privatisierung 36
Griechenland: Vio.Me – von chemischen Baumaterialien
zu Bio-Seifen 42
Türkei: Kazova Tekstil –
Qualitätspullover und T-Shirts für alle 46
Ägypten: Stahl und Keramik 49
Chicago, USA: New Era Windows 52
Gemeinsame Herausforderungen für RBA und
Arbeiter*innen 57
Gemeinsame Charakteristika der RBA –
einige Schlussfolgerungen 58

Kapitel 2
Besetzen, Widerstand leisten, Produzieren! 66
Rückeroberte Betriebe in Argentinien, Brasilien, Uruguay
und Venezuela

Argentinien 72
Uruguay 78
Brasilien 82

Venezuela 87
Einige Schlussfolgerungen 89

Kapitel 3
Arbeitskraft als Commons organisieren 92

Die Rückkehr der Commons 94
Commoning als soziale Transformation 96
Arbeit als Commoning 99
Rückeroberte Betriebe in Lateinamerika und Europa 101
Demokratische Selbstverwaltung, Gleichheit und
Aufhebung der Entfremdung 104
Neue Wertproduktion, Netzwerke und Solidarität 109
Widersprüche 111
Fazit 113

Kapitel 4
Globale urbane Proteste:
»This is a process not a protest« 116
Betriebsbesetzungen zur Produktion unter
Arbeiter*innenkontrolle und lokale Selbstverwaltung

Sozialutopische Antizipation (»Präfiguration«)
statt Repräsentation 123
Gemeinsame Aspekte der Raumproduktion 128
Schlussbemerkung 135

Literatur 139
Interviewpartner*innen 149
Vertrieb von Produkten aus RBA 151

Vorwort

Während ich dieses Vorwort schreibe, trinke ich einen Earl Grey der Marke 1336 der französischen Teebeutelfabrik ScopTi. 1336 Tage lang, drei Jahre und acht Monate, haben die Arbeiter*innen des ehemaligen Unilever-Werkes ihren Betrieb nach der Schließung besetzt gehalten, bevor sie den Kampf gegen den transnationalen Lebensmittelkonzern gewannen und das Unternehmen in Selbstverwaltung übernahmen. ScopTi ist keine gewöhnliche Genossenschaft. Der jahrelange Kampf hat die Beschäftigten geprägt. Sie wollen vieles anders machen und machen einiges anders.

Ist es möglich, im Kapitalismus »anders« zu arbeiten und damit die Perspektive einer demokratischen und solidarischen Gesellschaft jenseits des Kapitalismus aufzuzeigen und zu eröffnen? In diesem Buch gebe ich mit konkreten Beispielen eine Antwort darauf. Diese geht weiter, als der alte Traum der Selbstverwaltung in Genossenschaften, der linke, alternative und subkulturelle Bewegungen seit über 150 Jahren begleitet und leider nicht zu einer anderen Gesellschaft geführt hat. Selbstverwaltung ist zwar richtig und auch zentrales Thema dieses Buches, aber eben keine Garantie für ein »anderes Arbeiten«, um eine andere Gesellschaft aufzuzeigen und einen Weg in ihre Richtung einzuschlagen.

In der aktuellen Lage Arbeit und Selbstverwaltung zu einem Angelpunkt emanzipatorischer Veränderung zu machen, mag für viele (auch Linke) im deutschsprachigen Raum nach haltloser Spinnerei oder angestaubter Revolutionsromantik klingen. Gewerkschaften und Arbeiter*innenbewegung sind weit entfernt von ihren glorreichen Zeiten. Die Schlachten, die sie schlagen, sind fast nur noch defensiver Art, und meist geht es darum, für einen stetig schrumpfenden Teil der Bevölkerung – mit meist bestenfalls mäßigem Erfolg – Verschlechterungen in Grenzen zu halten. In einer Welt, in der Prekarisierung, Arbeitsdruck, Konkurrenz, Ausbeutung und Marktförmigkeit in allen Arbeits- und Lebensbereichen zunehmen, und in der für den Großteil der Bevölkerung kaum zu unterscheiden ist, ob die nächste Krise schon begonnen hat oder die letzte noch anhält, erscheint der Vorschlag der Selbstverwaltung wie Fantasterei.

Doch in jeder Krise steckt auch eine Chance, heißt es. Und so ist es auch aktuell. In diesem Buch geht es um die Praktiken der Selbstverwaltung in Betrieben, die in den vergangenen 20 Jahren von Arbeiter*innen besetzt wurden, um selbstverwaltet zu produzieren. Es geht um »Rückeroberte Betriebe unter Arbeiter*innenkontrolle« – im Folgenden verwende ich dafür die Abkürzung RBA.[1] Als RBA werden Betriebe bezeichnet, die zuvor als kapitalistische Unternehmen existierten und deren Schließung oder Bankrott zu einem Kampf der Arbeiter*innen um eine Übernahme unter kollektiver Arbeiter*innenselbstverwaltung geführt hat. Neben einem Prozess der Wiederinbetriebnahme sind also die Anstrengungen von den Arbeiter*innen zugunsten einer von kollektiven Entscheidungsstrukturen geprägten Unternehmensform ausschlaggebend. Ein RBA ist ein sozialer und ökonomischer Prozess (CDER 2014; Chedid et al. 2013: 27, 30).

Massive Betriebsbesetzungen begannen in Argentinien in der Finanzkrise 2000/01, die sich schnell in eine ökonomische, soziale und politische Krise verwandelte. Die Krise erfasste die stark mit Argentinien verknüpfte Wirtschaft Uruguays und führte dort ebenfalls zu Betriebsbesetzungen. Auch in Brasilien kam es zu massiven Besetzungen. Und in Venezuela erfolgten ebenfalls Dutzende von Betriebsbesetzungen. Das Land war nicht so sehr von einer direkten Wirtschaftskrise betroffen, sondern Unternehmen zogen Kapital ab und schlossen Betriebsstätten, da sie die von der neuen Regierung erlassenen Ressourcen-, Steuer-, Arbeits- und Sozialpolitiken nicht akzeptieren wollten und mittels ökonomischen Drucks die Regierung zu stürzen versuchten. Im Zuge der Krise seit 2008 weiteten sich Betriebsbesetzungen über Lateinamerika hinaus aus. Anfang 2018 existierten um die 400 RBA in Argentinien, mindestens 78 in Brasilien, 22 in Uruguay, mindestens 80 in Venezuela und weitere in Europa, Nordafrika, Asi-

---

[1] Der Begriff ist vom Spanischen *Empresas Recuperadas por sus Trabajadores*, ERT, abgeleitet, der in Argentinien definiert wurde und von Forscher*innen aus Brasilien und Uruguay übernommen wurde.

en und USA. Auch in Deutschland kam es von Anfang Juli bis Ende Oktober 2007 in der Fahrradfabrik Bike Systems GmbH im Thüringer Nordhausen zu einer – leider von vorneherein nur befristeten – Besetzung dieser Art.[2] Die Anzahl derartiger Betriebe liegt vermutlich weltweit noch um einiges höher, umfassende Daten existieren jedoch nur in Argentinien, Brasilien und Uruguay. Was macht nun die RBA so interessant?

Die Besetzungen zur Produktion in Selbstverwaltung zeigen: Es braucht keine außergewöhnlichen Fähigkeiten, um die Betriebe in Arbeiter*innenhand zu übernehmen. Beteiligt sind verschiedenste Arbeiter*innen, ungeachtet ihrer vorhergehenden politischen oder betrieblichen Einstellung oder Organisierung. Sie entwickeln offensive Kämpfe aus einer defensiven Situation heraus. Sie nehmen ihr Schicksal selbst in die Hand, anstatt zu resignieren oder auf die Vertretung ihrer Interessen durch andere – Gewerkschaften, Parteien oder Institutionen – zu warten. Im Laufe des Kampfes entwickeln und übernehmen die meisten Betriebe egalitäre und direktdemokratische Praktiken und Strukturen und bauen Verbindungen zu anderen sozialen Bewegungen und kämpfenden Arbeiter*innen auf. Alle Arbeiter*innen von RBA werden bestätigen, dass sich durch die Rückeroberung und die kollektive demokratische Verwaltung im Betrieb alles verändert hat: Vom Arbeitsprozess zu den sozialen Beziehungen unter den Arbeiter*innen und mit den umliegenden Communities, zu den Werten, die von dem Betrieb produziert werden. Die Kämpfe der Arbeiter*innen und der RBA sind zu einem Raum geworden, in dem neue soziale Beziehungen entwickelt und praktiziert werden: Affekt, Zuverlässigkeit, gegenseitige Hilfe, Solidarität

---

[2] 135 Beschäftigte verhinderten mit einer Besetzung den Abbau der Fertigungsanlagen und produzierten kollektiv und bei gleichem Stundenlohn vom 22. bis 26. Oktober 1.837 »Strike-Bikes«. Die Fahrräder wurden mit Unterstützung der anarcho-syndikalistischen Gewerkschaftsföderation FAU (Freie Arbeiterinnen- und Arbeiter-Union) vertrieben. Besetzung und Produktion wurden von der Belegschaft nicht längerfristig angelegt.

unter den Beteiligten und Solidarität mit Anderen, Partizipation und Gleichheit.³

RBA nehmen in der Regel weltweit juristisch die Form von Genossenschaften an. Es ist meist die einzige Möglichkeit, einen Betrieb mit kollektivem Eigentum und kollektiver Verwaltung offiziell zu registrieren. Es ist jedoch notwendig, klar zwischen dem gängigen Genossenschaftswesen und den RBA zu unterscheiden. Obwohl es in den meisten Fällen zweifellos angenehmer ist, in einer Genossenschaft (ohne Chef, ohne starre Hierarchien und mit größerer Selbstbestimmung) zu arbeiten als in einem gewöhnlichen Betrieb, sollten die bestehenden Widersprüche und Probleme nicht ausgeblendet werden.

Das Genossenschaftswesen hinterfragt selten das Privateigentum an Produktionsmitteln. Vielmehr ist es das Eigentum, das in der Regel den Ursprung des Rechts auf Partizipation in der Entscheidungsfindung und an der Verteilung der Einnahmen und Gewinne begründet. Dieses Verständnis und seine Logik sind auch Grundlage des Kapitalismus. Genossenschaften stellen also zunächst einen Fortschritt in der Demokratisierung des Eigentums an den Produktionsmitteln im Rahmen der kapitalistischen Wirtschaft dar, aber eben nicht automatisch eine Alternative zum Kapitalismus.

---

[3] Seit 2004 habe ich in zahlreichen RBA und von Arbeiter*innen kontrollierten staatlichen Unternehmen Feldforschung betrieben, darunter: Alcasa, Cacao Sucre, Invepal, Inveval, La Gaviota, Textileros del Táchira, Tomates Caisa (Venezuela), Alé Alé, Chilavert, Clinica Junín, Comercio y Justicia, Hotel BAUEN, Los Chanchitos, Molino Osiris, Nac&Pop (Argentinien), Funsa, Profuncoop, Uruven (Uruguay), RiMaflow, Officine Zero (Italien), ex-Fralib (Frankreich) und Vio.Me, Eleftherotypia, ERT3 (Griechenland). Zudem habe ich Interviews mit Arbeiter*innen von anderen RBA geführt (Argentinien: Brukman, Pigüe, Zanon; Bosnien: Dita; Kroatien: ITAS; Frankreich: Ex-Pilpa; Serbien: Jugoremedija; Turkei: Kazova; USA: New Era Windows; Venezuela: Cemento Andino, INAF, Sanitarios Maracay, Vivex, La Gaviota). Ich habe mich auch an nationalen und internationalen Konferenzen von RBA-Arbeiter*innen und -Forscher*innen beteiligt. Ein Großteil meiner Arbeit gründet in ethnografischen Beobachtungen und verschiedenen Interviewformen.

Im Kapitalismus zu wirtschaften, ohne seinen Regeln zu folgen, ist extrem schwierig. Der Kapitalismus ist ein Strudel. Wenn alle in den vergangenen 150 Jahren gegründeten Genossenschaften noch kooperativ, solidarisch und von den Arbeiter*innen kontrolliert wären, würden sie bereits einen bedeutenden Teil der Gesamtwirtschaft ausmachen. Tun sie aber nicht. In der Regel schwinden ihre Ideale mit dem fortschreitenden Alter ihrer Mitglieder. Die meisten Genossenschaften, die mit guten Absichten und großen Idealen gegründet wurden – wenn sie es geschafft haben, in einer feindlichen Umgebung zu überleben –, haben immer mehr ideologische und materielle Zugeständnisse gemacht. Vor allem nach Erreichen einer bestimmten Größe werden viele Genossenschaften von Investoren übernommen oder passen sich selbst diesen Logiken an.

Dass die meisten Genossenschaften im Rahmen der kapitalistischen Wirtschaft agieren und auf dem kapitalistischen Markt gemäß der Logik der Steigerung des Mehrwerts konkurrieren, hat tiefgreifende Auswirkungen auf sie und die Verwaltungs- und Produktionsmodelle, die sie übernehmen. Viele Genossenschaften haben Angestellte, die keine Mitglieder sind. Hinzu kommen Lohnunterschiede, die – obwohl sie nicht so groß sind wie bei herkömmlichen kapitalistischen Betrieben – dazu führen, dass die Angestellten der Führungsebene ein Vielfaches der gewöhnlichen Arbeiter*innen verdienen. Und obwohl Genossenschaften ihren Arbeit*innen gehören, wird ein großer Teil nicht von diesen verwaltet. Dies gilt insbesondere für große Genossenschaften.

Da Expansion und die strikte Steigerung des Mehrwerts nicht im Mittelpunkt genossenschaftlicher und solidarischer Wirtschaft steht, wird dieser Wirtschaftssektor immer langsamer wachsen als der Privatsektor, der strikt den Regeln des Kapitalismus folgt. Das geschieht auch unter günstigen Bedingungen wie in Venezuela von 1999 bis 2014. Ohne die Existenz eines Gemeinschafts- oder Gesellschaftseigentums, ist Solidarität unter Genossenschaften schwieriger. Jede Genossenschaft neigt dazu, sich als Unternehmen zu sehen, das mit anderen Unternehmen konkurriert, von den anderen Genossenschaften getrennt ist, ohne sie zu unterstützen oder von ihnen unterstützt zu werden. Was man gemeinhin als »Unternehmergeist« (im Endeffekt kapitalistisches Bewusstsein) bezeichnet, wird die Verpflichtung zum Aufbau einer von Arbeiter*innen und Communities kontrollierten Wirtschaft verdrängen.

Das berühmte Beispiel des Genossenschaftsnetzwerks von Mondragón (Mondragón Corporación Cooperativa, MCC) im Baskenland, das oft als hochentwickeltes Genossenschaftswesen gepriesen wird, führt die Tendenzen deutlich vor Augen, die hier als Folge des kapitalistischen Drucks beschrieben wurden. MCC gehört den Arbeiter*innen, wird jedoch weder als Ganzes noch in seinen einzelnen Betrieben von diesen verwaltet. Um in hart umkämpften Märkten bestehen zu können, hat MCC einen Teil seiner Produktion in andere Länder in Europa, Afrika, Asien und Lateinamerika ausgelagert. Im Jahr 2014 hatte MCC 105 Produktionsstätten im Ausland, darunter in Brasilien, Chile, Kolumbien, Mexiko, Marokko, Türkei, Thailand, Taiwan, Indien, Rumänien, Slowakei, Polen, Tschechische Republik, China (15!), Vietnam, in mehreren Ländern Westeuropas, in Australien und in den USA – die alle keine Genossenschaften sind, geschweige denn von den Arbeiter*innen verwaltet werden.

Die Industriesparte von MCC verzeichnete für 2012 Rekordumsätze, die das Umsatzniveau vor der Krise übertrafen, und eröffnete elf neue internationale Produktionsstätten.[4] Ungeachtet der Erfolge meldete Fagor Electrodomésticos (Haushaltsgeräte), eines der größten und ältesten MCC-Unternehmen, im Oktober 2013 Konkurs an, nachdem das Gesamtmanagement der Mondragón-Gruppe beschlossen hatte, das hoch verschuldete Unternehmen aufgrund von Verlusten während der Krise und finanzieller Misswirtschaft nicht zu retten. Im Werk im Baskenland verloren 5.600 Arbeiter*innen ihren Arbeitsplatz. Weitere Arbeitsplätze gingen in den mehr als 50 baskischen Zulieferbe-

---

[4] Internationalisation consolidates MONDRAGON's industrial business with sales abroad in excess of Euro 4bn. TUlankide. MONDRAGON Corporation's news. June 17, 2013. www.tulankide.com/en/internationalisation-consolidates-mondragon2019s-industrial-business-with-sales-abroad-in-excess-of-20ac4bn-3.

trieben von Fagor verloren. Im November 2013 besetzten einige hundert Arbeiter*innen das Hauptwerk von Fagor. Eine ihrer Hauptforderungen war, dass die Schließung nicht zulasten individueller Investor*innen gehe. Diese sind größtenteils Arbeiter*innen, die – gemäß des Modells Mondragón – ihre Ersparnisse in das Werk investiert haben, um ihre Rente sicherzustellen. Sie hatten mit dem Konkurs alle ihre Ersparnisse verloren, wie die MCC-Leitung erklärt hatte. MCC wurde heftig für diese Entscheidung kritisiert, die sich nur wenig vom Vorgehen eines gewöhnlichen Privatunternehmens unterschied.[5]

Können RBA eine Alternative zum kapitalistischen System darstellen, oder sind sie nur ein in diesem integrierter Bestandteil und bestenfalls eine Alternative zur Elendsverwaltung? Rosa Luxemburg kritisierte richtigerweise Eduard Bernsteins Vorstellung, »die Einführung des Sozialismus [erfolge] nicht durch eine soziale und politische Krise, sondern durch eine schrittweise Erweiterung der gesellschaftlichen Kontrolle und eine stufenweise Durchführung des Genossenschaftlichkeitsprinzips« (Luxemburg 1899/1970: 374). Ihre damalige Kritik wird ganz ähnlich auch heute noch an Genossenschaften vorgetragen und hat wenig an Aktualität verloren. Es lohnt sich daher, die einzelnen Kritikpunkte im Lichte der Unterschiede zwischen RBA und Genossenschaften zu diskutieren.

Luxemburg stellte die »völlige Beherrschung des Produktionsprozesses durch die Interessen des Kapitals« fest: »In der Produktivgenossenschaft ergibt sich daraus die widerspruchsvolle Notwendigkeit für die Arbeiter, sich selbst mit dem ganzen erforderlichen Absolutismus zu regieren, sich selbst gegenüber die Rolle des kapitalistischen Unternehmers zu spielen. An diesem Widerspruche geht die Produktivgenossenschaft auch zugrunde, indem sie entweder zur kapitalistischen Unternehmung

---

[5] Bibby, Andrew: Workers occupy plant as Spanish co-operative goes under. The Guardian. November 15, 2013. www.theguardian.com/social-enterprise-network/2013/nov/15/spanish-co-op-workers-occupy-plant.

sich rückentwickelt, oder, falls die Interessen der Arbeiter stärker sind, sich auflöst.« (Ebd.: 417f.).

Dieser Widerspruch ist den Beschäftigten der RBA durchaus bewusst. Doch offensichtlich sind Spielräume vorhanden, die es möglich machen, RBA erfolgreich zu betreiben, ohne die Prinzipien aufzugeben. Der Druck des hegemonialen kapitalistischen Marktes auf RBA ist zweifelsohne enorm und die Interaktion mit dem Markt zwingend: »Der strategische Horizont besteht daher nicht darin, Transaktionen zu vermeiden, sondern zu problematisieren, wie ein gegebenes Geschäft so inklusiv wie möglich gestaltet werden kann bezüglich der Aspekte und Subjekte, die zuvor von diesem ausgeschlossen wurden.« (De Angelis 2014: 305)

Die Arbeiter*innen einer RBA verkaufen immer noch Waren als Güter, aber ihre Arbeit als Lebensaktivität unterliegt ihren eigenen Wertpraktiken und ihrer eigenen Kontrolle – sie bestimmen Bedingungen, Aufgaben, Rhythmen, Qualität der Produkte usw., selbstverständlich nur bis zu dem Punkt, an dem der Wettbewerbsdruck so hoch ist, dass sie diese Kontrolle an den Markt verlieren.

RBA entstehen jedoch in einer Krisensituation, in denen Kapitalist*innen die Betriebe bereits aufgegeben haben. In der Krise, von der Argentinien seit der Amtsübernahme des neoliberalen Präsidenten Macri im Dezember 2015 verstärkt betroffen ist, stieg einerseits die Gesamtzahl der RBA in der ersten sechs Monaten von Macris Amtszeit um 24, zugleich aber schrumpfte die Gesamtproduktion, die Anzahl der in RBA Beschäftigen und der Durchschnittslohn (PFA/CDER 2018). Doch all dies fällt immer noch weitaus geringer aus, als die noch viel negativere Entwicklung in der Privatindustrie, die weitaus stärker schrumpfte und einen höheren Anteil an Betriebsschließungen sah, da Unternehmer*innen ihr Kapital ins Ausland, in den Finanzsektor oder in spekulative Handelsgeschäfte umschichteten.[6]

Wie von Beschäftigten der RBA und Forscher*innen stets unterstrichen wird, ist die Einbettung in eine größere Bewegung

---

[6] Persönliche Mitteilung von Andrés Ruggeri, 17.1.2018.

und die Beteiligung an anderen Kämpfen entscheidend, um eine transformatorische Perspektive zu erhalten.

Luxemburg folgert aus ihrer Beobachtung weiter, die Überlebensfähigkeit einer Genossenschaft sei nur gegeben, wenn sie sich »künstlich den Gesetzen der freien Konkurrenz entzieht« (Luxemburg 1899/1970: 418), indem sie sich über Konsumvereine einen Absatzmarkt schafft. »Sind aber somit die Existenzbedingungen der Produktivgenossenschaften in der heutigen Gesellschaft an die Existenzbedingungen der Konsumvereine gebunden, so folgt daraus in weiterer Konsequenz, dass die Produktivgenossenschaften im günstigsten Falle auf kleinen lokalen Absatz und auf wenige Produkte des unmittelbaren Bedarfs, vorzugsweise auf Lebensmittel angewiesen sind.

Alle wichtigsten Zweige der kapitalistischen Produktion: die Textil-, Kohlen-, Metall-, Petroleumindustrie, sowie der Maschinen-, Lokomotiven- und Schiffsbau sind vom Konsumverein, also auch von der Produktivgenossenschaft von vornherein ausgeschlossen.« (Ebd.) Zudem würden die Konsumvereine, »die Hauptträger der beabsichtigten sozialistischen Reform in den Vordergrund treten« (ebd.: 418). Damit werde auf die Vergesellschaftung der Produktion verzichtet und nur eine Reform des Handels vollzogen (ebd.).

Dass die RBA auf die Vergesellschaftung der Produktion verzichten würden, ist nicht der Fall. Ganz im Gegenteil. Die Vergesellschaftung, der frontale Angriff auf die bürgerlichen Eigentumsverhältnisse, ist ihr Ausgangspunkt.

Auch die Argumentation Luxemburgs bezüglich der Konsumgenossenschaften trifft auf RBA nicht zu. Alternative Absatzmärkte sind zwar für diverse RBA, vor allem in der Anfangsphase, bedeutend oder gar entscheidend, jedoch existieren eine Vielzahl von RBA, auf die das nicht zutrifft. Etliche davon sind in Sektoren tätig, von denen Luxemburg die Genossenschaften a priori ausgeschlossen sah. So existiert mit Standard Motor ein Betrieb, der überdimensionierte Stahlkomponenten für den Schiffsbau herstellt, wie Schiffsschrauben in Buenos Aires (Argentinien) und die große Schiffswerft Navales Unidos in der Provinz von Buenos Aires. In der Textilindustrie und im Maschinenbau existiert eine Vielzahl von RBA, wie etwa der Präzisionsmaschinenhersteller ITAS in Kroatien oder der Sportbekleidungshersteller Textiles Pigüé, der Anfang 2017 sogar eine eigene Marke auf den Markt brachte und dessen Firmen-T-Shirts stolz verkünden: »Der Markt wird niemals über das Schicksal der Pigüé-Arbeiter entscheiden.«

Dass Arbeiter*innen den Produktionsprozess kontrollieren und bei der Entscheidungsfindung eine zentrale Rolle spielen, transformiert sie in der Regel in politische und soziale Akteure über den Produktionsprozess und das Unternehmen hinaus (Malabarba 2013, 147). Um zu überleben und ihr Ziel zu erreichen, den Arbeitsplatz selbst zu verwalten, müssen die RBA einen juristischen Vorgang (Schließung des Betriebs und Entlassung der Arbeiter*innen) in eine politische Angelegenheit verwandeln.

Die RBA entwickeln in der Regel eine starke Verbindung mit dem Territorium. Sie unterstützen umliegende Communities und werden von ihnen unterstützt (wenn es Wohngebiete in der unmittelbaren Nachbarschaft von produzierendem Gewerbe gibt, so sind sie in der Regel von ärmeren Schichten bewohnt). Sie interagieren mit verschiedenen Subjektivitäten, die auf dem Territorium vorhanden sind, und entwickeln gemeinsame Initiativen. Sie stellen Verbindungen zu sozialen Bewegungen und sozialen und politischen Organisationen her. Die Solidarität und die Beziehungen, die während des Kampfes mit anderen Arbeiter*innen und mit sozialen Bewegungen aufgebaut werden, verstärken das Klassenbewusstsein und lassen die Arbeiter*innen nicht in einem »Klassenlimbo« zurück, wie es viele Genossenschaften mit einem auf Eigentum oder »alternativem Betriebsmodell« gründenden Ansatz tun.

Wie RBA funktionieren und welches Potenzial in ihnen steckt, darum geht es in diesem Buch. Sie bilden zusammen mit den lokalen Selbstverwaltungen in Form von Räten (wie etwa in Rojava, Chiapas, teilweise in Venezuela und an anderen Orten) und den neuen globalen Bewegungen (wie etwa Tahrir, Occupy, 15-M oder Gezi-Park) verschiedene Elemente einer neuen nicht-staatszentrierten Linken – und sind Teil eines umfassenderen Projekts gesellschaftlicher Veränderung.

Kapitel 1
Antwort auf die Krise?
Betriebsbesetzungen und Selbstverwaltung in Europa, im Mittelmeerraum und den USA

Seit Beginn der Finanz- und Wirtschaftskrise im Jahr 2008 werden immer wieder von der Schließung betroffene Betriebe in Italien, Frankreich, Griechenland, der Türkei, Bosnien und Herzegowina, Kroatien, Ägypten und den USA von den Belegschaften besetzt, um selbstverwaltet weiterzuproduzieren. Während Betriebsbesetzungen zur Produktion in Selbstverwaltung in Lateinamerika weitverbreitet sind, stellen sie ein relatives Novum in den USA und Europa dar, wo es in den letzten 40 Jahren nur isolierte Einzelfälle gab.

Herauszuarbeiten sind Kriterien für die Unterscheidung zwischen *Rückeroberten Betrieben unter Arbeiter*innenkontrolle* (RBA), traditionellen Genossenschaften und/oder sogenannten Workers' Buy-outs (d.h. Betriebe, die von den Belegschaften aufgekauft wurden). Und es soll geklärt werden: Wie funktionieren die Betriebe intern, mit welchen Schwierigkeiten haben sie zu kämpfen, und inwieweit handelt es sich bei den Betrieben um überlebensfähige Alternativmodelle?

Während der Wirtschafts- und Finanzkrise ab 2008 wurden zahlreiche Betriebe in Ländern des globalen Nordens besetzt, besonders in Frankreich, Italien, der Türkei und Spanien, und sogar in der Schweiz, Deutschland, den USA und Kanada. In den meisten Fällen war die Besetzung durch die Belegschaften eine Kampfform, um Druck zur Weiterbeschäftigung, Auszahlung ausstehender Löhne oder Abfindungen auszuüben und geschah nicht, um die Betriebe in Selbstverwaltung zu übernehmen. Häufig handelte es sich um spontane Aktionen infolge der Entrüstung der Arbeiter*innen angesichts der plötzlichen Schließung des Unternehmens oder von Massenentlassungen. Viele dieser Kämpfe fielen in sich zusammen ohne konkrete Ergebnisse hervorzubringen. In einigen Fällen, in denen die Belegschaften besser organisiert waren, gelang es ihnen, einen Teil ihrer Forderungen durchzusetzen. Die Besetzungen diverser Betriebe zur Produktion unter Arbeiter*innenkontrolle stellt jedoch gleichermaßen eine Überraschung für Sozialwissenschaften, Gewerkschaften und den Unternehmenssektor dar. Sie liegen jenseits dessen, was in ihren Vorstellungen vom globalen Norden für möglich gehalten wurde. Bis auf Einzelfälle gilt es bis in die 1970er Jahre zurückzugehen, um vergleichbare Aktivitäten im globalen Norden zu finden.

Einige dieser Kämpfe haben internationale Aufmerksamkeit erhalten, wie im Fall des Betriebes Vio.Me in Thessaloniki (Griechenland), der im Februar 2013 unter Arbeiterkontrolle erneut zu produzieren begann. Andere, wie das Tee-Unternehmen Fralib in Gémenos (Frankreich) oder Republic Doors and Windows in den USA, wurden zumindest landesweit bekannt. Den meisten Kämpfen bleibt größere Aufmerksamkeit jedoch vorenthalten, wie etwa Ex-Pilpa, eine Speiseeis- und Joghurt-Fabrik in Südfrankreich, Officine Zero in Rom und RiMaflow in Mailand (Italien), Kazova Tekstil in Istanbul (Türkei), Dita in Bosnien-Herzegowina oder ITAS in Kroatien.

Noch weniger verbreitet ist die Kenntnis ähnlicher Fälle in Nordafrika. Es ist davon auszugehen, dass es in den genannten Ländern und Regionen sowie in weiteren Ländern mehr zur Produktion in Selbstverwaltung besetzte Betriebe gibt, die hier nicht erfasst wurden. Häufig sind die Aktivitäten der Belegschaften auf den lokalen Kontext beschränkt. Meldungen zu Betriebsübernahmen gibt es auch aus Marokko, Tunesien und Spanien, diese ließen sich aber entweder nicht bestätigen oder deren Charakteristika blieben unklar.[7]

Vor allem in Frankreich und Italien existieren eine Vielzahl durch Belegschaften übernommene produzierende Betriebe (Produktion schließt hier auch Dienstleistungen mit ein), es bedarf jedoch weiterer Forschung zu ihrer Rechtsform und ihrem Or-

---

[7] In den Schlussfolgerungen wurden die ägyptischen Betriebe zum größten Teil nicht berücksichtigt, da es mir nicht möglich gewesen ist, detailliertere Informationen zu erhalten.

ganisationsmodell, bevor sie in die Kategorie der Rückeroberten Betriebe eingeordnet werden können. Ich beschränke mich daher auf zehn Fälle, in denen eine genauere Analyse aufgrund eigener Forschung möglich ist.

Für die meisten Arbeiter*innen dieser Betriebe sind die lateinamerikanischen RBA und insbesondere die argentinischen RBA inspirierende Beispiele gewesen. RiMaflow in Mailand übernahm den Leitspruch »Besetzen, Widerstand leisten, Produzieren« (»ocupar, resistir, producir«) von den argentinischen RBA (die ihn wiederum von der brasilianischen Landlosenbewegung MST übernahmen) (Malabarba 2013: 146). Vio.Me in Thessaloniki wurde vor dem Entschluss zur Produktion in Selbstverwaltung von Beschäftigten aus argentinischen RBA besucht. Und selbst die »Europäischen Treffen für eine Ökonomie der Arbeiter und Arbeiterinnen«, die Anfang 2014 in der RBA Ex-Fralib bei Marseille und 2016 in Vio.Me in Thessaloniki stattfanden, sind zu einem großen Teil der Initiative und Unterstützung aus Argentinien zu verdanken.[8]

Die Besetzungen und auch die Wiederaufnahme der Produktion entstehen aus defensiven Situationen und nicht, wie in anderen historischen Momenten und Kontexten, aus einer Position der Stärke. Dies gilt für alle Betriebsbesetzungen seit Beginn des neoliberalen Angriffs in den frühen 1980er Jahren, für die Arbeiter*innen im neuen Jahrtausend kommt noch die Defensive der organisierten Arbeiterbewegung hinzu. Zu den wenigen Ausnahmen gehören die Kämpfe für Arbeiterkontrolle in Venezuela. Als Folge der Krise sind die Besetzungen und die Wiederaufnahme der Produktion durch die Arbeiter*innen eine Reaktion auf die Schließung ihres Betriebs oder die Verlagerung der Produktion. Die Beschäftigten verteidigen ihre Jobs, weil die Aussichten, einen anderen Job zu finden, schlecht oder aussichtslos

---

[8] Andrés Ruggeri, Aktivist und Direktor des Forschungsprogramms zu RBA an der Universität von Buenos Aires, besuchte verschiedene RBA in Europa, kontaktierte Aktivist*innen und Forscher*innen und spielte eine entscheidende Rolle für die Initiierung der europäischen und mediterranen Treffen.

sind. In dieser defensiven Situation geben sie nicht auf und beschränken sich auch nicht auf Protest: Sie ergreifen die Initiative und verwandeln sich in Protagonisten. In ihrem Kampf und am Arbeitsplatz bauen sie horizontale soziale Beziehungen auf, übernehmen Mechanismen direkter Demokratie und kollektiver Entscheidungsfindung. Und sie bauen auch Verbindungen mit den sie umgebenden oder nahe gelegenen Stadtteilen und anderen Bewegungen auf. Häufig müssen sich dabei die RBA neu erfinden.

Es ist wichtig, die Unterschiedlichkeit der Situationen, Kontexte und Umstände der Unternehmensrückeroberungen klar zu erkennen. Es ist jedoch notwendig, einige grundlegende Kriterien bezüglich RBA zu definieren. Die bisher beschriebenen Merkmale sind nicht notwendigerweise für alle RBA zutreffend. Betriebe müssen nicht zwangsläufig alle Kriterien erfüllen, um als RBA gelten zu können. Es ist aber grundlegend, die Rückeroberung nicht als einen rein ökonomisch-produktiven Akt zu verstehen, sondern als gesellschaftspolitischer Prozess, sonst geht der Zusammenhang mit der Fähigkeit der RBA verloren, Alternativen zum kapitalistischen Elend zu erzeugen.

Einige Autor*innen zählen in Europa etwa 150 RBA (Troisi 2013). Eine solche Verallgemeinerung verschleiert jedoch die grundlegenden politischen Unterschiede, die den verschiedenen Erfahrungen zugrunde liegen. Ein genauerer Blick zeigt, dass nur wenige dieser 150 Betriebe tatsächlich als RBA unter der direkten Kontrolle der Arbeiter*innen angesehen werden können. Die genannte Zahl beinhaltet auch die Betriebe, die von ihren Mitarbeiter*innen erworben wurden. Die meisten davon haben im besten Fall eine konventionelle Genossenschaftsstruktur übernommen. Viele, wenn nicht die meisten, haben interne Hierarchien und individuelle Eigentumsquoten. Im schlimmsten Fall liegt sogar eine ungleiche Verteilung der Eigentumsanteile vor, die der sozialen Hierarchie im Unternehmen entspricht (und damit der Finanzkraft, mit Büroangestellten und Führungskräften, die größere Anteile besitzen) oder es existieren sogar Geschäftspartner*innen oder externe Investoren (Individuen und andere Unternehmen) als Anteilseigner. Die Definition dieser Unternehmen als RBA, reduziert das Konzept der Rückgewinnung auf die einfache

Weiterexistenz eines Unternehmens, das ursprünglich geschlossen werden sollte: Es verändert sich lediglich die Anzahl der Eigentümer (von einem zu vielen), von denen einige oder viele im Unternehmen arbeiten. Auch wenn es in diesen Betrieben gelungen ist, Arbeitsplätze zu erhalten, ist der Begriff Rückeroberung nicht angebracht, da sie keine alternative Perspektive der Organisation von Produktion und Gesellschaft in sich tragen.

Weltweit haben RBA für gewöhnlich die Rechtsform von Genossenschaften, denn es ist in der Regel die einzige juristische Form, einen Betrieb mit kollektiver Eigentumsform und kollektiver Verwaltung offiziell zu registrieren (mit Ausnahme von Venezuela, wo es andere Rechtsformen gibt, siehe Azzellini 2017a). Es ist jedoch notwendig, klar zwischen den traditionellen, die Formalien erfüllenden Formen des Genossenschaftswesens und den RBA zu unterscheiden. RBA sind in kollektivem Besitz ohne individuelle Eigentumsoptionen; alle Arbeiter*innen haben die gleichen Eigentumsanteile und ein gleichwertiges Stimmrecht. Die implizite Infragestellung des Privateigentums an Produktionsmitteln ist ein wichtiges und unterscheidendes Merkmal der RBA. Sie stellen eine Alternative zum Kapitalismus dar, die im Wesentlichen auf der Idee von Formen kollektiven Eigentums oder gesellschaftlichen Eigentums beruht. Die Produktionsmittel werden nicht als Privateigentum (von Einzelpersonen oder Aktionärsgruppen) betrachtet, sondern als gesellschaftliches Eigentum oder »Gemeineigentum«, das direkt und demokratisch von denjenigen verwaltet wird, die am meisten in den Betrieb involviert sind. Unter divergierenden Umständen kann dies - zusätzlich zu den Arbeitern und Arbeiterinnen – die Beteiligung von betroffenen Communities, anderen Betrieben oder sogar Instanzen des Staates (zum Beispiel in Ländern wie Venezuela oder Kuba) miteinbeziehen.

Dass Arbeiter*innen den Produktionsprozess kontrollieren und bei der Entscheidungsfindung eine zentrale Rolle spielen, transformiert sie in der Regel in politische und soziale Akteure, über den Produktionsprozess und den Betrieb hinaus stellt Gigi Malabarba (2013: 147) fest: »Es ist wesentlich, dass die Formen der kooperativen Selbstverwaltung strikt in den Rahmen einer

Konfliktdynamik gestellt werden, die im Einklang mit den sozialen Kämpfen steht, ausgehend von den Arbeitskämpfen gemeinsam mit kämpferischen Gewerkschaftsaktivisten: Unser Kampf darf nicht isoliert sein, wir können nicht aufhören uns als Teil einer komplexeren Klassenfront zu sehen. Wie sollen wir alleine ein Gesetz in die Wege leiten, das es ermöglicht, die besetzten Betriebe zu ihrer gesellschaftlichen Nutzung zu enteignen? Kurz gesagt, wie können wir soziale und politische Kräfteverhältnisse entwickeln, die der Diktatur des Kapitals entgegenwirken und Resultate erzwingen? Nur so können die selbstverwalteten Genossenschaften und die auf Solidarität gründenden Wirtschaftsbereiche für die Arbeiter eine kohäsive Wirkung entfalten und die Rolle einnehmen, das Ende der Ausbeutung der Arbeit durch das Kapital vorwegzunehmen und die Widersprüche des Systems herauszustellen, vor allem in einer Zeit tiefer struktureller Krise wie jetzt.«

Alle folgenden Beispiele von Unternehmen, die seit Beginn der Krise 2008 von ihren Beschäftigten rückerobert wurden, entsprechen den genannten Kriterien. Die Arbeiter*innen dieser rückgewonnenen Betriebe erkennen sich auch gegenseitig wieder und sehen sich als Teil einer breiteren Bewegung. Makis Anagnostou, Sprecher der Gewerkschaft von Vio.Me (Thessaloniki) bestätigt: »Wir haben zahlreiche Kontakte mit internationalen Bewegungen. Aktivisten aus der ganzen Welt sind in die Fabrik gekommen, um zu sehen, wie wir arbeiten. Arbeiter von RBA aus Argentinien und anderen Ländern sind gekommen, um ihre Erfahrungen mit uns zu teilen. Wir nehmen diese Erfahrungen auf und passen sie an unseren eigenen Kontext an. Wir haben an internationalen Treffen von RBA teilgenommen und fühlen uns als Teil einer internationalen Bewegung. Wir wollten von Anfang, dass es ein internationaler Kampf ist, denn wir glauben nicht, dass eine Fabrik oder ein Land einen großen Unterschied machen kann.« (Interview 31.1.2014)

Als die Arbeiter*innen des ägyptischen Stahlwerks Kouta, die ihren Betrieb nach einem harten Kampf in Selbstverwaltung übernahmen, von der Besetzung in Thessaloniki erfuhren, schickten sie Vio.Me eine Solidaritätsadresse (Kouta Steel Factory Workers 2013). Im April und Mai 2014 beteiligten sich die Arbeiter*innen von Vio.Me, Officine Zero und RiMaflow an der internationalen Solidaritätskampagne für das von Räumung bedrohte Hotel Bauen in Buenos Aires (Argentinien), das vor mehr als zwölf Jahren von den ehemaligen Beschäftigten besetzt wurde und seitdem von ihnen selbstverwaltet wird. Und auch Vio.Me erhielt jedes Mal, wenn es erneut Räumungsdrohungen ausgesetzt war, Unterstützung von anderen RBA aus Europa und Lateinamerika.

RBA in Frankreich

Im Verlauf der gegenwärtigen Krise entstanden in Frankreich mindestens zwei RBA, die durch ihre hartnäckigen Kämpfe bekannt wurden. Einer ist die ehemalige Speiseeisfabrik Pilpa, der andere Fralib, Produzent von Schwarz-, Kräuter- und Früchtebeuteltee. Beide wurden von großen multinationalen Eigentümern geschlossen, um die Produktion in andere Länder zu verlagern. Jenseits dieser beiden Beispiele existiert noch eine Vielzahl von Betrieben, die nach der Schließung von den ehemals Beschäftigten übernommen und in Genossenschaften umgewandelt wurden. Über diese gibt jedoch keine ausreichenden Informationen, um ihren Status und ihre Funktionsweise genauer zu bestimmen, und sie den RBA zuzurechnen. Diese Betriebe sind auch selbst nicht in diesem Kontext aktiv geworden.

Pilpa – La Fabrique du Sud

Pilpa war ein Speiseeisproduzent mit einer 40-jährigen Unternehmensgeschichte in Carcassonne, in der Nähe von Narbonne (Südfrankreich). Pilpa gehörte zuvor zu der großen landwirtschaftlichen Genossenschaft 3A, die ihr Speiseeis als verschiedene, in Frankreich bekannte Marken über die Supermarktkette Carrefour vertrieb. Aufgrund finanzieller Schwierigkeiten verkaufte 3A Pilpa im September 2011 an das Speiseeis- und Milchprodukteunternehmen R&R (Nummer zwei im europäischen Speiseeismarkt und zu dem Zeitpunkt Eigentum des Investmentfonds Oaktree Capital Management aus den USA). Im Juli 2012 gab R&R bekannt, dass Pilpa geschlossen und die Produktion verlagert werden würde. 113 Beschäftigte sollten entlassen werden. R&R hatte Pilpa lediglich aufgekauft, um die in Frankreich etablierten Markennamen für Speiseeis zu erwerben und Zugang zu den Vertriebsnetzen von Carrefour zu erhalten, um so einen Wertgewinn und einen höheren Verkaufspreis für R&R zu erzielen (R&R wurde schließlich im April 2013 verkauft). Doch die Beschäftigten nahmen diese Entscheidung nicht hin, sie leisteten Widerstand, besetzten die Fabrik und begannen, eine Solidaritätsbewegung zu organisieren. Ihr Ziel war, den Produktionsstandort zu retten (Borrits 2014a). Sie errichteten rund um die Uhr Wachen, um zu verhindern, dass die Eigentümer den Betrieb demontierten und die Maschinen abtransportierten. Im Dezember 2012 gelang es den Arbeiter*innen von Pilpa, eine gerichtliche Entscheidung zu erwirken, die den Sozialplan von R&R aufgrund unzureichender Entschädigung für nichtig erklärte.

Während R&R einen neuen Vorschlag entwickelte, arbeiteten 27 Arbeiter*innen an einem Plan, die ehemalige Pilpa unter dem Namen Fabrique du Sud (Fabrik des Südens) als Genossenschaft unter Arbeiter*innenkontrolle wieder in Betrieb zu setzen. Im Mai 2013 akzeptierte der neue Besitzer von R&R, allen ehemaligen Beschäftigten von Pilpa je nach Länge ihrer Betriebszugehörigkeit 14 bis 37 Monatsgehälter und 6.000 Euro für Schulungen auszuzahlen. Zudem erhielt die neue Genossenschaft die Zusage über mehr als eine Million Euro finanzielle und technische Unterstützung für Fachausbildung und Marktanalyse sowie die Maschinen einer kompletten Produktionslinie. Im Gegenzug verpflichtete sich Fabrique du Sud dazu, nicht auf demselben Markt zu konkurrieren. Die Gemeinde Carcassonne entschied, das Grundstück zu erwerben, auf dem sich die Fabrik befindet (ebd.). Rachid Ait Ouaki, ehemaliger Mitarbeiter von Pilpa und heute Teil der Genossenschaft Fabrique du Sud, stellt klar, dass es kein Nachteil gewesen sei, zu akzeptieren, nicht auf demselben Markt tätig zu werden: »Unser Eis und Joghurt wird ökologisch und nachhaltig produziert werden und von besserer Qualität sein. Wir werden nur regionale Zutaten verwenden – von der Milch bis zum Obst – und wir werden unsere Produktion auch lokal vertreiben. Gleichzeitig werden wir die Endverbraucherpreise niedrig halten. Wir werden keine 23 Millionen Liter pro Jahr produzieren wie Pilpa. La Fabrique du Sud wird zwei bis drei Millionen Liter produzieren, die wir auch lokal absetzen können. Wir sind auch nur 21 der ursprünglichen Beschäftigten, die der Kooperative beigetreten sind. Das liegt daran, dass wir mehr Geld reinstecken mussten, einschließlich eines Teils unserer Arbeitslosenunterstützung über ein Programm für Unternehmensgründungen, und nicht jeder wollte dieses Risiko eingehen.« (Interview 30.1.2014)

Wie in anderen Fällen hat Pilpa als Betrieb unter Arbeiterkontrolle die juristische Form einer Genossenschaft angenommen. Die Entscheidungen werden jedoch in regelmäßigen Betriebsversammlungen von allen gemeinsam und mit gleichem Stimmrecht getroffen. Ebenso werden die Gewinne aus der Produktion, die im April 2014 begann, in gleichen Teilen unter allen aufgeteilt.

Fralib – die Marke mit dem Elefanten

Fralib war ein Produzent für Schwarz-, Kräuter- und Früchtebeuteltee in Gémenos bei Marseille. Der Betrieb wurde vor über 120 Jahren gegründet und stellte unter anderem die Teebeutel der bekannten Marke *Eléphant* her.[9] Zudem produzierte Fralib Beuteltee für Lipton. Im September 2010 beschloss der Lebensmittelkonzern Unilever, Eigentümer von Lipton, das Werk in Frankreich zu schließen und die Produktion nach Polen zu verlagern. Die Beschäftigten reagierten, indem sie die Fabrik besetzten und eine Boykottkampagne gegen Unilever starteten. Die Gewerkschaft CGT, die früher der Kommunistischen Partei nahestand, unterstützte die Arbeiter und Arbeiterinnen von Fralib. »Der Kampf in Fralib begann am 28. September 2010. Vor der Schließung hatte Fralib 182 Beschäftigte. Heute im Kampf sind wir 76«, so Gérard Cazorla, Mechaniker, Sekretär der CGT in Fralib und heute Vorsitzender der neuen Genossenschaft (Interview 31.1.2014). Die Arbeiter*innen waren sofort entschlossen die Produktion in der Fabrik unter Arbeiter*innenkontrolle wieder aufzunehmen

---

[9] Wer schon einmal in Frankreich war, kennt die Marke mit dem weißen Elefanten vor rotem Hintergrund und dem darüberstehenden weißen Schriftzug auf grünem Hintergrund.

und die Marke Eléphant zu erhalten. Sie argumentierten, es handele sich bei der Marke um ein regionales Kulturerbe. Die Produktion sollte umgestellt werden auf ökologischen Früchte- und Kräutertee basierend auf regionaler Produktion. Wie in den meisten Fällen erfolgreicher RBA stand der Kampf der Ex-Fralib-Beschäftigten auf mehreren Säulen: dem produktiven Projekt, dem öffentlichen Protest und dem Aufbau einer Solidaritätskampagne sowie dem juristischen Kampf gegen Unilever.

»Wir machen eine militante [im Sinne von kämpferische/aktivistische, Anm. d. A.] Produktion, um unseren Kampf bekannt zu machen und Geld für die Solidaritätskampagne zu sammeln. Wir haben lange Zeit ohne Einkommen verbracht und müssen von irgendetwas leben. Die Solidarität ist es, die es uns erlaubt hat, diese ganze Zeit zu überleben. Ich denke, es ist wichtig, unseren Kampf in Frankreich, in Europa und in der Welt bekannt zu machen, und unsere Produktion hilft uns dabei. Vorher haben wir – sagen wir mal – industriellen Tee produziert, jetzt produzieren wir Bio-Tees. Damit zeigen wir auch, dass die Maschinen funktionieren und wir in der Lage sind, das Unternehmen zu führen. Dies ist wichtig, damit die Bevölkerung sieht, dass Fralib auch ohne Chef und ohne Unilever funktionieren kann.« (Gérard Cazorla, Interview 31.1.2014)

Anfang 2014 beherbergte Fralib für zwei Tage das »Erste Europäische Treffen der Ökonomie der Arbeiterinnen und Arbeiter«. Mehr als 200 Personen nahmen an dem Treffen teil (Beschäftigte aus fünf europäischen RBA und aus linken Genossenschaften, die sich mit dem Kampf um Arbeiter*innenkontrolle identifizieren, sowie solidarische Forschende und Unterstützer*innen), das von dem »Globalen Treffen der Ökonomie der Arbeiterinnen und Arbeiter« inspiriert und direkt mit ihr verbunden ist. Dieses findet alle zwei Jahre statt, 2017 zum sechsten Mal in Argentinien. Forscher*innen aus Argentinien, Mexiko und Brasilien nahmen ebenfalls am Treffen bei Fralib teil, ebenso wie ein Arbeiter des argentinischen RBA Pigüé.[10]

---

[10] Um das Treffen zu feiern und mit einem Augenzwinkern in Richtung der argentinischen Bewegung der RBA, produzierte Fralib zu dem

Den Arbeiter*innen von Fralib gelang es mehrmals, gerichtliche Verfügungen zu erreichen, welche die von Unilever vorgeschlagenen Betriebsabwicklungsverfahren und Sozialpläne für nichtig erklärten. Fralib konnte erst im September 2012 offiziell geschlossen werden. Im März 2013 stoppte Unilever die Gehaltszahlungen an die ehemals Beschäftigten, trotz eines Gerichtsurteils, das Unilever dazu verpflichtete, diese fortzusetzen. Im September 2013 kaufte die Lokalverwaltung des Gemeindeverbandes Marseille Provence Métropole (MPM) das Grundstück, auf dem sich das Werk befindet, für 5,3 Millionen Euro und zahlte symbolisch einen Euro für die Maschinen, um so den Kampf der Fralibos zu unterstützen.

Dies war jedoch nicht ausreichend, um die Produktion wieder aufzunehmen, wie Cazorla erklärt, musste der Kampf fortgesetzt werden: »Im Januar 2014 wurde der Unilever-Sozialplan zum dritten Mal von einem Gericht annulliert. Jetzt diskutieren wir mit der Leitung von Unilever, während wir unser Projekt aufbauen. Wir brauchen die Rechte an der Marke, Kapital, um Rohstoffe zu kaufen, und die Kapazität, unsere Produkte zu verkaufen, oder wir werden nicht in der Lage sein, zu produzieren und 76 Arbeiter und Arbeiterinnen zu bezahlen. Wir wollen, dass das Geld dafür von Unilever bezahlt wird, als Entschädigung für unsere Entlassung.« (Interview 31.1.2014)

Nach dreieinhalb Jahren Kampf haben die Arbeiter*innen von Fralib sich schließlich gegen Unilever durchgesetzt. Unilever erklärte sich bereit, den Konflikt zu beenden und unterzeichne-

---

Anlass abgepackten Mate. Im Zuge der Mobilisierung zur Verteidigung des Betriebes unter Arbeiter*innenkontrolle schrieb die bekannte französische Band HK & les Saltimbanks den Song »Los Fralibos« (»die Fraliber« auf Spanisch, in Anspielung auf die Betriebsbesetzungen in Südamerika) für die kämpfenden Arbeiter*innen, der mit diesen eingespielt wurde (Gérard Cazorla, Interview 31.1.2014). Daraus entstand schließlich die Band »Los Fralibos« im Betrieb, deren Musik wie eine Mischung aus Manu Chao und französischem Chanson anmutet. Die Band tritt vor allem auf Solidaritätsveranstaltungen für andere Kämpfe auf, aber auch auf kleineren Festivals in der Region. Eine Theatergruppe entstand ebenfalls im Betrieb.

te am 26. Mai 2014 eine Vereinbarung, in der das transnationale Lebensmittelunternehmen sich verpflichtete, den ehemaligen Fralib-Beschäftigten in der besetzten Fabrik 20 Millionen Euro als Entschädigung für die Schließung des Betriebs zu zahlen, sieben Millionen Euro davon in Maschinen und Immobilien. Die Zahlung durch Unilever ermöglichte es der Gruppe, die das Unternehmen besetzte, es als Genossenschaft unter Arbeiter*innenkontrolle wieder zu öffnen und hochwertigen Bio-Tee zu produzieren. Die Entschädigung von Unilever schloss die Übertragung der Eigentumsrechte an Fabrik und Land auf die Genossenschaft mit ein. Ein ehemaliger Fralib-Arbeiter kommentierte den Sieg so: »Wir haben uns gegen Milliardäre erhoben, sie haben uns gesagt, dass wir verrückt sind, aber letztendlich hat sich unser Wahnsinn ausgezahlt« (Borrits 2014b).

Im Mai 2015 wurde Fralib als »Scop Ti« (Genossenschaft Ti) wieder eröffnet. Scop Ti produziert 16 verschiedene Bio-Kräuter- und Früchtetees, und kauft, verpackt und vertreibt Bio-Schwarztee einer Genossenschaft in Vietnam. Das neue Produkt heißt »1336«, die Anzahl an Tagen, die der Kampf um die Übernahme des Betriebs andauerte. Der Vertrieb ist größtenteils regional und erfolgt vorwiegend über konventionelle Vertriebsnetze, die Supermärkte beliefern. Ende 2017 hatte Scop Ti 40 Vollzeitbeschäftigte, die zwischen 1.600 und 2.000 Euro (nach Steuern) verdienten. Das Grundeinkommen ist bei allen gleich, Zuschläge erfolgen je nach Familiensituation. Damit verdienen sie zwar weniger als die – im europäischen Vergleich immer noch gut bezahlten – Industriebeschäftigten in Frankreich, jedoch sind ihre Arbeitsbedingungen sicher besser. Die Alternative in der Region wäre mit hoher Wahrscheinlichkeit ein schlechter bezahlter Arbeitsplatz oder die Arbeitslosigkeit.

Italien: Officine Zero und RiMaflow

In Italien wurden in den vergangenen sieben Jahren etwa 30 bis 40 kleine und mittlere Konkursunternehmen von ihren Beschäftigten übernommen und in Genossenschaften umgewandelt. Obwohl sie in den Medien mit den RBA in Argentinien gleichgesetzt wurden (Blicero 2013; Occorsio 2013), sind viele weder unter der vollständigen und kollektiven Kontrolle der Arbeiter*innen, noch weisen sie auf eine Alternative zum kapitalistischen System hin. Häufig handelt es sich um *Buy-outs*, Firmenaufkäufe, ohne einen sozialen Kampf. Viele der Genossenschaften arbeiten mit einer hierarchischen internen Struktur und die Veränderung der Anzahl der Eigentümer*innen ändert nichts an ihrer Funktionsweise. In einigen Fällen ist sogar nur eine Minderheit der Firmenanteile in den Händen der ehemals Beschäftigten, während die Mehrheit von externen Investoren und Management kontrolliert wird. Mindestens zwei Fälle, Officine Zero in Rom und RiMaflow in Mailand, sind jedoch anders und völlig vergleichbar mit vielen lateinamerikanischen RBA. Einige weitere Fälle bedürften einer eingehenderen Untersuchung, um sie den hier beschriebenen RBA zuschlagen zu können. Ein Fall, der als wiedergewonnenes Unternehmen betrachtet werden könnte, ist die Brauerei Messina (Birrificio Messina), in der gleichnamigen Stadt auf Sizilien. Die Brauerei wurde 2011 vom Eigentümer Heineken geschlossen und 42 Arbeiter*innen wurden in die Arbeitslosigkeit entlassen. Sie gaben jedoch nicht auf, organisierten ein Crowdfunding in der Stadt, um ihr lokales Bier zu erhalten, investierten ihre Abfindungen und verwandelten die Brauerei in eine Genossenschaft. Ende 2015 nahm Birrificio Messina die Produktion und den Vertrieb von lokalem Bier – jetzt unter Arbeiter*innenkontrolle – wieder auf.

Officine Zero
Rail Service Italia (RSI) – zuvor Wagons-Lits (Frankreich), heute Officine Zero – wartete und reparierte Schlafwagen. Als die Geschäftsführung im Dezember 2011 beschloss, den Nachtzugdienst einzustellen und in Schnellzüge zu investieren, wurde RSI geschlossen. Die Belegschaft bestand zu dem Zeitpunkt aus 33 Metallarbeiter*innen und 26 Arbeitern*innen in den Abteilungen Transport und Verwaltung. Sie alle erhielten aufgrund der plötzlichen Schließung des Betriebes eine spezielle Arbeitslosenunterstützung.

Trotzdem nahmen nicht alle die Schließung hin: 20 ehemalige Beschäftigte nahmen den Kampf auf. Emiliano Angèle, seit 2001 als Zugmechaniker für das Unternehmen tätig und heute Vorsitzender der Gewerkschaft, erläutert: »Im Februar 2012 stellten wir fest, dass es nichts mehr zu tun gab, wir hatten keine Züge in Produktion oder in Reparatur. Da haben wir uns, als ersten Protest überhaupt, im Unternehmen eingeschlossen. Das hat im Endeffekt überhaupt nichts genutzt, weil wir keine Arbeit zu erledigen hatten. Wir haben es mit anderen Aktionen versucht, die üblichen Demonstrationen, Kontakte mit der Politik, mit der Gewerkschaft, all das hat uns nicht wieder zum Arbeiten geführt. Neben unseren Werkstätten gibt es ein besetztes Soziales Zentrum. Die haben uns protestieren gesehen und ihre Unterstützung für unseren Kampf angeboten. Zu Beginn unterstützten sie uns bei unserem Kampf um die Arbeit mit Schlafwagen. Nach einer Weile fragten sie uns, ob die Werkstätten nicht für etwas anderes genutzt werden könnten. Wir hatten keine Ahnung wie und sie schlugen uns eine Alternative vor, beruhend auf den argentinischen Erfahrungen, wo die Maschinen oder Gebäude genutzt wurden, um etwas anderes als vorher zu produzieren oder anders zu arbeiten. Also haben wir dann im September 2012 wieder angefangen zu arbeiten. Wir haben Maschinen für Tischler-, Polsteroder Schweißarbeiten und anderes mehr. Mit einem Schweißgerät muss man nicht unbedingt einen Zug schweißen, man kann alles Mögliche schweißen. So arbeitet der Polsterer, der früher für die Sitze in den Zugabteilen zuständig war, jetzt die Innenausstattung eines großen Bootes auf. So haben wir wieder begonnen zu arbeiten.« (Interview 31.1.2014)

Zusammen mit den Aktivist*innen des Sozialen Zentrums *Strike* gründeten die Arbeiter*innen ein Konversionslabor und organisierten öffentliche Versammlungen, an denen Hunderte von Menschen teilnahmen. Dort wurde die »verrückte Idee« der Officine Zero geboren. Prekär und selbstständig Arbeitende, Handwerker*innen, Akademiker*innen und Studierende schlossen sich der Besetzung an. Am 2. Juni 2013 wurde Officine Zero offiziell als öko-soziale Fabrik gegründet und der Öffentlichkeit mit einer Konferenz und einer Demonstration präsentiert. Officine Zero bedeutet *Null-Werkstätten – Null Chefs, Null Ausbeutung, Null Umweltverschmutzung*, wie der neue Leitspruch des Betriebes lautet. Der Name weist auch darauf hin, dass die Belegschaft einen Neuanfang machen musste. Die ehemaligen RSI-Mitarbeiter widmen sich nun hauptsächlich dem Recycling von Haushaltsgeräten, Computern und Möbeln.

Die Mischung aus neuen und alten Arbeitsformen, verschiedene Situationen prekärer Arbeit zusammenzubringen und zu versuchen, Vereinzelung und Individualisierung zu überwinden, ist eine zentrale Idee des Projekts, wie Emiliano Angèle erklärt: »Wir haben die ehemaligen Büros der Verwaltung des Betriebes in einen gemeinsamen Arbeitsbereich verwandelt, in dem Selbstständige aus den Bereichen Architektur, Kommunikation, Videoproduktion und so weiter tätig sind. Da sind also all diese verschiedenen Lebens- und Arbeitswirklichkeiten, die zusammenkommen. Ich zum Beispiel war hier früher Mechaniker, gerade helfe ich meinem Kollegen, die Innenausstattung eines Bootes zu polstern, aber ich habe auch die Möglichkeit einer Verbindung zu diesen neuen Arbeitsformen. Genauso ist es auch für andere im Betrieb. In der Betriebskantine haben wir eine Kantine für uns alle und für Externe eröffnet. So sieht das neue Projekt aus, das wir Officine Zero nennen. Es ist also ein Projekt, das nicht nur Arbeitsplätze für die ehemals Beschäftigten zurückerobert, sondern den Raum auch für andere und andere Formen der Arbeit öffnet.« (Interview 31.1.2014)

Im ehemaligen Haus des Unternehmensdirektors, das sich ebenfalls auf dem Betriebsgelände befindet, wurden Umbauarbeiten vorgenommen, um es in eine Studierendenunterkunft zu verwandeln (Mastrandrea 2013). Die Arbeiter*innen haben Kurse entwickelt, um das Recycling zur Wiederverwendung von Elektrogeräten und den Bau von Anlagen zur Erzeugung von erneuerbaren Energien anderen zu vermitteln (Blicero 2013).

Seit 2015 ist Officine Zero mehrmals von Räumung bedroht gewesen, die es dank Mobilisierung und breiter Allianzen, von der lokalen bis zur internationalen Ebene, immer hat abwenden können.

Von Maflow zu RiMaflow
Das Maflow-Werk in Trezzano sul Naviglio, im Industriegürtel von Mailand, war Teil des italienischen transnationalen Autoteileproduzenten Maflow (mit 23 Produktionsstätten in verschiedenen Ländern), der in den 1990er Jahren zu einem der wichtigsten Hersteller von Klimaanlagenrohren weltweit avancierte. Weit davon entfernt, unter den Folgen der Krise zu leiden und mit genügend Kunden, um alle Fabriken in Produktion zu halten, wurde Maflow 2009 per Gerichtsbeschluss wegen betrügerischer Manipulation der Bilanzen und betrügerischem Bankrott unter Zwangsverwaltung gestellt. Die 330 Beschäftigten des Hauptproduktionszentrums von Maflow in Trezzano, begannen einen Kampf, um das Werk wieder zu eröffnen und ihre Arbeitsplätze zu erhalten. Im Verlauf dieses Kampfes besetzten sie den Betrieb und organisierten spektakuläre Proteste auf den Dächern der Betriebsgebäude. Mit ihrem Protest erreichten sie, dass Maflow nur als komplettes Unternehmen, einschließlich des Hauptwerkes in Mailand, verkauft werden durfte und nicht zuvor zerschlagen wurde. Im Oktober 2010 übernahm der polnische Investor Boryszew die Maflow-Gruppe. Der neue Eigentümer reduzierte die Belegschaft auf 80 Mitarbeiter*innen, die restlichen 250 wurden nicht übernommen und erhielten ein erhöhtes Arbeitslosengeld aus einem Spezialfonds für Belegschaften aus Konkursunternehmen. Doch Boryszew nahm die Produktion nicht wieder auf, und schloss das Werk in Mailand im Dezember 2012, nachdem die zwei Jahre vergangen waren, in denen die Schließung eines zum Weiterbetrieb erworbenen Unternehmens gesetzlich verboten ist. Vor der Schließung transportierte die Boryszew-Gruppe noch einen Großteil der Maschinen aus dem Werk ab (Blicero 2013; Occorsio 2013).

Eine Gruppe Entlassener blieb in Kontakt und war nicht bereit aufzugeben. Massimo Lettiere, ehemaliger Delegierter der linken, radikalen Basisgewerkschaft *Confederazione Unitaria di Base* (CUB) in Maflow erklärt: »Wir haben ab dem Zeitpunkt, als die Boryszew-Gruppe alles gekauft hat, ständig Versammlungen organisiert. Auf einigen haben wir über die Möglichkeit diskutiert, das Werk zu besetzen und irgendeine Arbeitstätigkeit darin zu entwickeln. Wir wussten nicht genau, welche Arbeit wir machen könnten, aber uns war klar, dass nach so viel Zeit Bezug des Arbeitslosengelds aus dem Sonderfonds der nächste Schritt die Arbeitslosigkeit sein würde. Also hatten wir keine Wahl und mussten es versuchen. Im Jahr 2012 haben wir Marktforschung betrieben und beschlossen, eine Genossenschaft zum Recycling zur Wiederverwendung von Computern, Industriemaschinen und Elektrohaushaltsgeräten zu gründen.« (Interview Lettiere 31.1.2014)

Als der Betrieb im Dezember 2012 geschlossen wurde, besetzten die Arbeiter*innen den Platz vor ihrer ehemaligen Fabrik. Im Februar 2013 verschafften sie sich schließlich Zutritt und besetzten das Werk, gemeinsam mit prekär Beschäftigten und einigen ehemaligen Arbeiter*innen einer nahe gelegenen Fabrik, die wegen betrügerischen Konkurses geschlossen wurde: »Es hat keinen Sinn, still zu halten und darauf zu warten, dass dir jemand hilft. Wir müssen uns die Güter aneignen, die andere aufgegeben haben. Ich bin arbeitslos. Ich kann kein Geld investieren, um eine neue Tätigkeit zu beginnen. Aber ich kann mir einen verlassenen Schuppen nehmen – es sind insgesamt 30.000 Quadratmeter – und eine Tätigkeit aufbauen. Unsere ersten realen Investitionen für das Projekt sind also Aktivität und politisches Handeln. Wir haben eine politische Entscheidung getroffen. Und von da an fingen wir an zu arbeiten.« (Ebd.)

Die Genossenschaft RiMaflow erhielt im März 2013 die offizielle Eintragung. Das Betriebsgelände und die Gebäude waren aus der Konkursmasse in das Eigentum der Bank UniCredito übergegangen, die sich aber nach der Besetzung bereit erklärte, keine Räumung zu beantragen. Die damals etwa 20 Arbeiter*innen von RiMaflow mussten sich und den ganzen Betrieb komplett neu erfinden, wie Lettiere beschreibt: »Wir bauen ein erweitertes Netzwerk auf. Die Genossenschaft RiMaflow hat das Recycling von elektronischen Geräten als wirtschaftliche Grundlage des Betriebes zum Ziel. Um Geld für Investitionen zu sammeln, haben wir den Verein *Occupy RiMaflow* gegründet, der die Räume und Aktivitäten in der Fabrik organisiert. In einer der vier Hallen haben wir einen Second-Hand-Markt eingerichtet. Wir haben eine Cafeteria eröffnet, wir organisieren Konzerte und Theater. Und wir haben einen Bürobereich, in dem wir einige Büros vermieten. Mit all diesen Aktivitäten haben wir begonnen, ein kleines Einkommen zu erzielen und wir konnten einen Lastwagen und einen Gabelstapler kaufen. Wir haben die gesamte Elektrik des Betriebes erneuert, und wir zahlen uns 300 bis 400 Euro pro Monat aus. Es ist nicht viel, aber mit 800 Euro Arbeitslosengeld[11] kommst du auf 1.100 Euro, fast ein normales Gehalt [...] 2014 wollen wir die Arbeit der Genossenschaft ausweiten. Wir haben zwei Projekte, die wir bereits begonnen haben, beide ökologisch und nachhaltig. Wir haben Allianzen mit lokalen Biobauern aufgebaut und eine Gruppe für solidarischen Einkauf gebildet, und wir sind in Kontakt mit den Genossenschaften von Rosarno, in Kalabrien (Süditalien). Das sind Genossenschaften, die faire Löhne zahlen. Vor drei bis vier Jahren rebellierten die Saisonarbeiter, die Obstpflücker, gegen die Sklaverei, die Ausbeutung durch die Plantagenbesitzer. Wir kaufen Orangen von diesen Genossenschaften und verkaufen sie hier, und wir stellen auch Zitronen- und Orangenlikör her, den wir verkaufen. Wir arbeiten auch mit *Ingenieure ohne Grenzen* von der *Polytechnischen Universität Mailand* zusammen, um ein großes Recyclingprojekt zu entwickeln. Es kann Jahre dauern, bis wir alle notwendigen Genehmigungen dafür erhalten. Wir haben diese Aktivitäten aus ökologischen Gründen ausgewählt, und wir haben bereits begonnen, Computer zu recyceln, was einfach ist, aber wir wollen es im großen Maßstab tun.« (Ebd.)

Computer und recycelte Haushaltsgeräte wurden bis zur Schließung des Marktes durch die Behörden auf dem Second-Hand-Markt in RiMaflow verkauft, seither wird direkt aus der Recyclinghalle verkauft. Die Computer werden auch an Schulen, Altenheime und Jugendzentren geliefert. Die Cafeteria ist

---

[11] Besondere Arbeitslosigkeitsunterstützung nach dem CIGS (Einkommensgarantie-Fonds), zugestanden bei außergewöhnlichen Umständen. Die Arbeiter*innen erhalten ein Jahr lang 80% ihres vorherigen Einkommens. Anschließend ist eine Verlängerung unter Umständen möglich.

während der Arbeitszeit täglich geöffnet und wird auch von anderen Arbeiter*innen aus umliegenden Betrieben genutzt. Die Ausstattung stammt aus einem Krankenhaus der etwa 30 km entfernten Stadt Monza. Das Krankenhaus plante die eigene Cafeteria zu privatisieren, die Beschäftigten kämpften gegen die Privatisierung und wurden von RiMaflow unterstützt. Nachdem die Cafeteria-Beschäftigten den Kampf gewannen und die Cafeteria modernisiert wurde, schenkten sie RiMaflow zum Dank die alte Cafeteria-Ausstattung.

Was für traditionelle Ökonom*innen ein wirrer Flickenteppich von Aktivitäten zu sein scheint, ist tatsächlich eine sozial und ökologisch sinnvolle Konversion der Fabrik mit einen komplexen Ansatz, der im Wesentlichen auf drei Säulen fußt: »a) Solidarität, Gleichheit und Selbstorganisation unter allen Beteiligten; b) Ein Verhältnis mit öffentlichen und privaten Partnern, das als Konfliktverhältnis verstanden wird; c) Beteiligung an und Förderung von allgemeinen Kämpfen um Arbeit, Einkommen und Rechte.« (Malabarba 2013: 143)

Im Jahr 2015 verboten die Behörden den RiMaflow-Markt mit der Begründung, der Betrieb stehe in einem Gebiet, das für produzierendes Gewerbe ausgewiesen sei und nicht für den Handel. RiMaflow übernahm daraufhin die Reparatur und Wiederverwendung von elektronischen Geräten und insbesondere die Weiterverarbeitung von Nahrungsmitteln, die Herstellung von Likören auf der Grundlage der Zusammenarbeit mit landwirtschaftlichen Genossenschaften und Initiativen des solidarischen Handels. Die Vermarktung erfolgt über den Direktvertrieb und über das Netzwerk für Ernährungssouveränität FuoriMercato (Außerhalb des Marktes), an dem sich Fair-Trade- und Solidaritätsinitiativen, Genossenschaften, besetzte soziale Zentren, Nachbarschaftsinitiativen und auch Officine Zero beteiligen. RiMaflow ist auch Teil des Comunia-Netzwerkes, das besetzte Höfe mit landwirtschaftlicher Produktion, besetzte soziale Zentren, einen besetzten ehemaligen Arbeiter*innen-Erholungspark und Akteur*innen der Solidarökonomie verbindet. 2017 organisierte RiMaflow ein erfolgreiches Crowdfunding, um eine Spirituosenproduktion einzurichten und so zusätzliche Arbeitsplätze zu schaffen. Die erste Produktion war ein Magenbitter Namens *Amaro partigiano*, gemeinsam hergestellt mit dem *Archiv des Widerstandes von Fosdinovo* aus der Landkreis Massa-Carrara in der Toskana. Ende 2017 hatte die RiMaflow-Genossenschaft 17 Vollzeitbeschäftigte, die sich monatlich 800 bis 900 Euro (nach Steuern) auszahlten.[12] Darüber hinaus haben 70 Kleinstselbständige ihre Büros und Werkstätten auf dem Betriebsgelände von RiMaflow und kooperieren mit der Genossenschaft.

Ex-Jugoslawien:
Aus den Trümmern von Krieg und Privatisierung

Die Industrie des ehemaligen Jugoslawien, früher in staatlicher Hand und mit einer gewissen Arbeiterkontrolle (Musić 2012), wurde durch den Krieg (1992 bis 1995) weitestgehend zerstört. Es folgten betrügerische Privatisierungen in allen Ländern, die aus dem ehemaligen Jugoslawien entstanden. In der Folge wurden viele der Unternehmen geschlossen (Milan 2018). In einigen wenigen Unternehmen führten die Beschäftigten Kämpfe, um die Betriebe in Selbstverwaltung zu übernehmen. Der bekannteste Fall war die pharmazeutische Industrie Jugoremedija in Zrenjanin, Serbien. 2002 veräußerte der serbische Staat 42% Aktienanteile des Werkes an den unter Anklage stehenden Kriminellen Jovica «Nini» Stefanović, während 58% im Besitz von Beschäftigten und Kleinaktionär*innen blieben. Stefanović versuchte, sich die Anteilsmehrheit zu verschaffen, scheiterte jedoch an der Ablehnung der Kleinaktionär*innen. Er begann daraufhin, Kleinaktionär*innen und Gewerkschafter*innen zu drangsalieren und zu bedrohen. 2003 führte er eine betrügerische Rekapitalisierung durch, nahm hohe Kredite im Namen von Jugoremedija auf, verschuldete den Betrieb und erhöhte seinen Anteil auf 62%. In einer spektakulären Aktion ketteten sich einige Arbeiter daraufhin an die Werkstore. Die Aktion entfachte Solidari-

---

[12] Ein italienischer Industriearbeiterlohn liegt bei etwa 1.300 Euro im Monat.

tät und wenige Tage später rief die größte Gewerkschaft im Betrieb zum Streik auf. Der Kampf der Beschäftigten zog sich über Jahre. Es kam immer wieder zu Streiks und Betriebsbesetzungen, die Belegschaft ging juristisch gegen Stefanović vor und Jugoremedija wurde zum Symbol des Widerstandes gegen die betrügerischen Privatisierungen zulasten der Beschäftigten. Ende 2006, nach einem zweieinhalbjährigen Streik und neun Monaten Besetzung erklärte das Hohe Gericht für Wirtschaft in Belgrad die Rekapitalisierung für illegal und die Arbeiter*innen begannen im März 2007, den Betrieb selbst zu verwalten (Kraft 2015).

In den folgenden Jahren produzierte und vermarktete Jugoremedija seine Produkte erfolgreich. Zugleich aber war der Betrieb in einer schwierigen ökonomischen Situation aufgrund der Schuldenrückzahlungen und die Spaltung im Betrieb zwischen Arbeiter*innen, die zugleich Anteile besaßen, und jenen ohne Anteile führte zu Spannungen. Letztere waren nicht bereit, zum Wohle des Betriebes Einnahmeeinbußen hinzunehmen und Überstunden zu machen. Es wurde beschlossen, eine weitere Produktionsstätte auf dem Betriebsgelände zu errichten, in der nur die Anteilsinhaber*innen arbeiten würden. Dafür wurden erneut Kredite aufgenommen. 2012 eskalierte die Situation. Den Anteilsinhaber*innen, die auch das Management stellten, wurde vorgeworfen, absichtlich Fehlkalkulationen bezüglich des Neubaus vorgelegt zu haben und den Betrieb zu gefährden. Im August 2012 wurden vier Mitarbeiter*innen festgenommen und ein Verfahren eingeleitet. Es kam zu heftigen Protesten von Arbeiter*innen und Anteilsinhaber*innen gegen die Festnahmen. Nach nahezu zwei Monaten wurden die Festgenommenen aus der Haft entlassen, doch die Ermittlungen wurden auf Steuerhinterziehung ausgedehnt (ebd.). Im Jahr 2013 kündigten die Banken ihre Kreditlinie, obwohl Jugoremedija die Kredite, die zum guten Teil noch auf Stefanović zurückzuführen waren, regelmäßig bedient hatte. Das Unternehmen war gezwungen, Insolvenz anzumelden (Interview Milenko Sreckovic, 19.2.2014). 2017 war Jugoremedija immer noch unter gerichtlicher Zwangsverwaltung und die Zukunft des Betriebes unklar. Auch wenn die Chancen, dass die Anteile besitzenden Arbeiter*innen die Kontrolle über ihren

Betrieb zurückgewinnen, nicht sehr groß sind, hoffen diese auf einen positiven Ausgang.

ITAS Prvomajska in Kroatien
In Kroatien gab es den Fall des bis heute erfolgreichen Herstellers von Präzisionsindustriemaschinen ITAS Prvomajska in Ivanec. Nach der Privatisierung führte der neue Eigentümer das Unternehmen 2005 in den Konkurs. Das Werk sollte abgerissen werden und in einer der Lagerhallen ein Supermarkt entstehen. Dem stellten sich die Arbeiter*innen entgegen. Sie besetzten den Betrieb und verwandelten ihre Forderungen auf unbezahlte Löhne und Abfindungen in Forderungen nach Unternehmensbeteiligungen. Die Produktionsaufnahme wurde vorbereitet, doch dem Betrieb wurde die Stromversorgung verweigert. 18 Arbeiter*innen traten daraufhin in einen unbefristeten Hungerstreik, bis die Stromversorgung letztlich doch erfolgte. Die Bezirksverordnetenversammlung beschloss 2006 eine Kreditbürgschaft von etwa 160.000 Euro, um die Wiederaufnahme der Produktion zu ermöglichen. Im Januar 2007 konnte ITAS Prvomajska offiziell wieder als Betrieb eingetragen werden: Als Betrieb, in dem die Arbeiter*innen die wesentlichen Eigentümer waren und über alles entschieden. Es gelang, wieder gewinnbringend zu produzieren, jedoch nicht ohne Hindernisse. Es kam zeitweise zu finanziellen Schwierigkeiten und die Löhne waren niedrig. Doch ab 2012 konnte der Betrieb wieder in die eigene Modernisierung investieren und weiter expandieren. Die Anzahl der Beschäftigten stieg von 130 auf aktuell 240. Im Abschluss des Konkursverfahrens im Jahr 2013 wurde den ehemaligen Beschäftigten dann offiziell etwa 6,2 Millionen Euro an Maschinen und Anlagen überschrieben. Drei der ehemaligen Eigentümer*innen und Mitgliedern der Führungsetage von ITAS wurden 2016 in einem Strafverfahren zu Haftstrafen verurteilt, die 2017 noch vom höchsten Gericht in Kroatien bestätigt werden mussten (Njegovec 2017).

Um die komplette Kontrolle des Unternehmens zu erhalten, kaufen die Beschäftigten nach und nach Anteile anderer Eigentümer*innen. Die Eigentumsstruktur von ITAS ist sehr komplex. Angestrebt wird eine kollektive Eigentumsstruktur der Belegschaft, doch dies ist angesichts der Umstände bisher noch nicht möglich. Die kroatische Gesetzgebung sieht keine juristische Form von Kollektivbesitz und Arbeiter*innenselbstverwaltung vor. Zusätzlich gibt es bei ITAS noch immer Arbeiter*innen, die keine Anteile besitzen, und es gibt immer noch Eigentümer*innen, die keine Arbeiter*innen sind. Meist sind dies ehemalige Beschäftigte, die nicht notwendigerweise dieselben Interessen wie die Arbeiter*innen haben. Doch die Belegschaft setzte durch, dass bei Entscheidungen in Aktionärsversammlungen alle Anteilseigner*innen nur eine Stimme haben, unabhängig davon, wie groß ihr Aktionärsanteil ist. Im Betrieb entscheiden die Arbeiter*innen auch über Einkommen und Leitung, so Gewerkschafter Dragutin Vargo, der von Beginn an eine der treibenden Kräfte des Kampfes um Besetzung und Weiterbetrieb unter Arbeiter*innenkontrolle war: »Wir waren hier unzufrieden mit der Arbeit eines Direktors und haben ihn ausgetauscht und einen neuen eingesetzt, mit dem wir zufrieden sind.« Vargo selbst arbeitet bis heute in der Produktion und ist Mitglied des Lenkungsausschusses, das oberste Leitungsgremium des Unternehmens (ebd.).

ITAS exportiert 95% der Produktion vorwiegend nach Italien, Deutschland, Großbritannien, Russland, Venezuela und in die USA. 2017 betrug das durchschnittliche Nettogehalt 4.600 Kuna, etwa 620 Euro. Das ist niedriger als der Durchschnitt im Sektor, jedoch weit höher als das Durchschnittseinkommen in Kroatien. Es gibt keine Wochenendarbeit und Überstunden werden mit 250% des Stundentarifs entlohnt. An Feiertagen wird nicht gearbeitet und am 8. März wird im Betrieb gefeiert. Dennoch beteiligen sich viele der Beschäftigten scheinbar nicht aktiv an den Diskussionen um den Betrieb. Trotz aller Schwierigkeiten hält der Kern der Aktiven in ITAS an dem Ziel fest, das Unternehmen als von den Arbeiter*innen demokratisch selbstverwalteten Betrieb zu erhalten und auch das Eigentum vollständig in kollektives Eigentum der Beschäftigten zu verwandeln.[13] »Wir haben eine Selbstverwaltung des 21. Jahrhunderts, so wie sie sich zunehmend in der Welt als Bewegung entwickelt«, betont Var-

---

[13] Ognjen Konajic, persönliche Mitteilung, 16. September 2017.

go.« In der jugoslawischen Selbstverwaltung schafften es die Arbeiter letztlich nicht und wurden im Parteiauftrag kontrolliert. Sie konnten nie den von der Partei eingesetzten Direktor absetzten oder selbstständig über die Höhe ihrer Löhne entscheiden.« (Ebd.) Seit 2016 nimmt ITAS auch an den regionalen *Treffen der Ökonomie der Arbeiter und Arbeiterinnen* teil.

Dita in Bosnien-Herzegowina

Dita, ein Waschmittelproduzent in Tuzla (Bosnien), ist der Fall, der am deutlichsten die Charakteristika eines RBA aufweist. Nachdem der Betrieb im März 2015 in Konkurs ging, beschlossen die ehemaligen Beschäftigten, die Fabrik zu übernehmen und die Produktion in Selbstverwaltung fortzusetzen. Die weitverbreiteten Proteste, die 2014 den Charakter eines populären[14] Aufstandes annahmen, ermutigten die ehemaligen Dita-Beschäftigten, in die Offensive zu gehen.

Dita wurde 1977 gegründet und produzierte als Lizenznehmer der italienischen Firma Ava Waschpulver, das bis zur jugoslawischen Krise der 1990er Jahre das beliebteste Waschmittel in Jugoslawien war. Der Betrieb hatte 1.400 Beschäftigte. Während des Krieges produzierte Dita weiter und spendete 6.000 Tonnen Waschmittel an Menschen, die es sich nicht leisten konnten, es zu kaufen. Als das italienische Unternehmen Ava nach dem Krieg die Produktionslizenz nicht verlängerte, begann Dita mit der Produktion der eigenen Marken Arix Tenzo als Waschpulver und 3D für Flüssigwaschmittel (Jukic 2015).

Im Jahr 2005 wurde Dita privatisiert. Die Gehälter fielen auf Mindestlohnniveau und die Arbeitsbedingungen verschlechterten sich. 2009 nahmen die Proteste bei Dita ihren Anfang, im August 2011 begann ein fast achtmonatiger Streik (Milan 2018). Im Dezember 2012 stellte die Geschäftsleitung von Dita die Pro-

---

[14] Der Begriff »popular« wird hier im Sinne Gramscis und der lateinamerikanischen Verwendung gebraucht. Auf Deutsch gibt es keinen entsprechenden Begriff dafür. Daher wird in diesem Band – so wie in den Gramsci-Übersetzungen ins Deutsche – der eingedeutschte Terminus popular gebraucht.

duktion ein und entließ 760 Beschäftigte in die Arbeitslosigkeit. Zudem hatte das Unternehmen über Monate weder Löhne noch Beiträge in die Kranken- und Rentenversicherung gezahlt. Kurz danach erklärte das Unternehmen die Zahlungsunfähigkeit. Gemäß Recherchen der ehemaligen Beschäftigten handelte es sich um einen betrügerischen Konkurs, da Ditas Kapital zuvor an das an Dita beteiligte Unternehmen Lora umgeleitet worden war.

Die Arbeiter*innen gingen unmittelbar dazu über, den Betrieb zu belagern. 2013 übernahm das Chemieunternehmen Beba Beohemija für einige Monate Dita und meldete dann ebenfalls Konkurs an. Die Beschäftigten versuchten erfolglos, juristisch gegen beide Unternehmen vorzugehen. Die Dita-Belegschaft erhielt keinerlei Unterstützung von den Gewerkschaften. Daraufhin beschlossen im Januar 2014 die selbstorganisierten Arbeiter*innen von Dita und anderer bankrotter Fabriken, zum ersten Mal gemeinsam zu protestieren und einen Streik auszurufen. Der Aufruf war in unerwartetem Ausmaß erfolgreich und der Impuls, der schließlich zu den Massenprotesten im Februar und der Einrichtung von Bürgerversammlungen im ganzen Land führte (ebd.).

Über Jahre hinweg protestierten die Arbeiter*innen und organisierten Streiks, bis schließlich 70 von ihnen beschlossen, die Produktion mit Rohstoffen, die sich noch in den Lagern des Betriebs befanden, wieder aufzunehmen. Im Juni 2015 kamen sie zu einer Übereinkunft mit dem Insolvenzverwalter, einige Maschinen wieder in Betrieb zu nehmen. Viele dieser Produktionslinien bedurften teurer Reparaturen, die für die Arbeiter*innen nicht finanzierbar waren. Sie erhielten sofort große Unterstützung seitens der lokalen Bevölkerung und darüber hinaus: Lokale Medien boten kostenlose Werbung an; einige Privatunternehmen in Bosnien und Slowenien, ehemalige Geschäftspartner von Dita, boten Unterstützung an; und mehrere Supermarktketten verpflichteten sich, das Waschmittel zu verkaufen (Jukic 2015; Pepic 2015).

Die bosnische Supermarktkette Bingo bezahlte sogar die Grundstoffe (zu 70% importiert), die Dita benötigte, um größere Mengen des Flüssigwaschmittels 3D zu produzieren. Einige Monate später, nach Wartung und Reparatur diverser Maschinen, wurde auch die Produktion des Waschpulvers Arix Tenzo wieder aufgenommen.

In den folgenden Jahren konnte Dita sich weiter konsolidieren und die Produktion ausweiten. Aufgrund der eigenen Erfahrungen und der Proteste vom Februar 2014 nahm die Dita-Belegschaft zusammen mit anderen Arbeiter*innen an der Gründung der neuen Gewerkschaft Solidarnost teil. Dita beteiligte sich auch an den jüngsten regionalen sowie globalen *Treffen der Ökonomie der Arbeiter und Arbeiterinnen* und hat ein Netzwerk von Kontakten zu anderen RBA und Bewegungen aufgebaut.

Griechenland: Vio.Me – von chemischen Baumaterialien zu Bio-Seifen

Der rückeroberte griechische Betrieb Vio.Me, eine ehemalige Produktionsstätte für chemische Baustoffe in Thessaloniki, erreichte nationale und internationale Bekanntheit. Die ehemalige Tochterfirma der in unmittelbarer Nachbarschaft gelegenen Fabrik Philkeram Johnson produzierte Industriekleber, Dämmstoffe und andere chemische Baumaterialien.

Ab dem Jahr 2010 willigten die Arbeiter*innen von Vio.Me immer wieder wegen der vermeintlich schwierigen finanziellen Lage des Betriebs ein, alle vier bis sechs Wochen einen unbezahlten Urlaub zu nehmen. Als Nächstes reduzierten die Eigentümer*innen die Löhne der Beschäftigten und erklärten, dies sei nur eine vorübergehende Maßnahme, Lohnausfälle würden später zurückgezahlt werden. Laut Eigentümer*innen waren die Gewinne um 15 bis 20% gefallen. Nachdem die Zusagen nicht eingehalten wurden, die ausstehenden Löhne zu bezahlen, traten die Arbeiter*innen in Streik und verlangten die Auszahlung. Als Reaktion auf den Kampf gaben die Eigentümer*innen im Mai 2011 die Fabrik schlichtweg auf und hinterließen 70 unbezahlte Arbeiter*innen. Später fanden diese heraus, dass Vio.Me immer noch Gewinne schrieb und die »Verluste« auf ein Darlehen zurückzuführen waren, das Vio.Me der Muttergesellschaft Philkeram Johnson gewährt hatte.

Im Juli 2011 beschlossen die Arbeiter*innen, die Fabrik zu besetzen und ihre Zukunft selbst in die Hand zu nehmen. Makis Anagnostou, Mitarbeiter von Vio.Me, erläutert: »Als die Fabrik von den Eigentümern aufgegeben wurde, versuchten wir zunächst, mit den Politikern und der Gewerkschaftsbürokratie zu verhandeln. Aber wir haben schnell verstanden, dass wir nur unsere Zeit verschwendeten und den Kampf bremsten. Es war ein schwieriger Moment. Die Krise hatte plötzliche und intensive Auswirkungen. Die Suizidrate unter den Arbeitern in Griechenland stieg stark an und wir waren besorgt, dass einige unserer Kollegen Selbstmord begehen könnten. Deshalb haben wir beschlossen, unseren Arbeitskonflikt der Gesellschaft als Ganzes zu öffnen, und die Bevölkerung wurde unser Verbündeter. Wir haben herausgefunden, dass die Leute, von denen wir denken, dass sie nichts tun können, in Wirklichkeit alles erreichen können! Viele Arbeiter von Vio.Me waren nicht mit uns einverstanden oder haben den Kampf aus anderen Gründen nicht fortgesetzt. Unter denen, die den Weg des Kampfes gewählt haben, ist die gemeinsame Grundlage unserer Arbeit Gleichheit, Partizipation und Vertrauen.« (Interview 31.1.2014)

Im Februar 2013 nahmen die Arbeiter von Vio.Me die Produktion wieder auf, ein Jahr später berichtet Anagnostou: »Jetzt produzieren wir Bio-Reiniger und Seifen, nicht mehr den Industriekleber, den wir vorher produziert haben. Der Vertrieb ist informell. Wir selbst verkaufen unsere Produkte auf Märkten und Festivals und viele unserer Produkte werden auch über die Bewegungen, Sozialzentren und Geschäfte vertrieben, die Teil der Bewegungen sind. Was wir letztes Jahr gemacht haben, ist, das Werk ganz grundsätzlich in Betrieb zu halten. Wir können noch nicht behaupten, dass wir ein sehr positives Ergebnis in Bezug auf Produktion, Vertrieb und Verkauf erzielt haben. Die Gewinne sind sehr niedrig und reichen nicht, um allen Arbeitern und Arbeiterinnen ein Auskommen zu ermöglichen. Deshalb haben einige den Glauben verloren oder sind müde geworden und haben Vio.Me verlassen. Kürzlich hat unsere Versammlung einstimmig beschlossen, unsere Situation durch die Gründung einer Genossenschaft zu legalisieren. Diese Entscheidung hat uns neuen

Antrieb gegeben, um weiter zu machen. Die Gründungsurkunde der Genossenschaft wurde von 20 Arbeitern und Arbeiterinnen unterzeichnet, aber es gibt noch weitere, die darauf warten, zu sehen, wie es läuft. In der Struktur der Genossenschaft haben wir auch die Figur der ›Solidarischen‹ geschaffen, die kein Mitglied der Genossenschaft sind, diese aber finanziell unterstützen und dafür unsere Produkte erhalten. Die Solidarischen können an der Arbeiterversammlung teilnehmen und haben eine beratende Stimme im Entscheidungsprozess. Sie zahlen drei Euro im Monat, womit wir die Grundkosten des Betriebes abdecken, wie Strom und Wasser. Durch dieses Modell des Beistandes der Gesellschaft fühlen wir uns stärker.« (Ebd.)

Ende 2015 zog die Solidaritätsklinik in Thessaloniki, eine von fast 50 Kliniken, die in Griechenland als selbstorganisierte und selbstfinanzierte Strukturen existieren, in eine leere Lagerhalle von Vio.Me um. In Übereinstimmung mit der Idee, auch eine andere Art von Medizin zu praktizieren, hat die Solidaritätsklinik von Thessaloniki gemeinsam mit Vio.Me ein Gesundheitsprogramm für Arbeiter*innen entwickelt. Vertrieb und Absatz der Vio.Me-Produkte konnten inzwischen entschieden gesteigert werden. Die Arbeiter*innen von Vio.Me beschlossen, einen Lieferwagen zu kaufen und einmal wöchentlich 80 km bis zur Grenze nach Mazedonien zu fahren, um die Flüchtlinge zu unterstützen, die dort an der Grenze in provisorischen Zeltlagern festsaßen und die sie als Arbeiter*innen wie sie selbst betrachten.

Im Jahr 2016 begann Vio.Me erneut mit der Herstellung von Industriekleber. Ende Oktober desselben Jahres war Vio.Me Gastgeber des *II. Euromediterranen Treffens der Ökonomie der Arbeiter und Arbeiterinnen*. 2017 wurde die Produktionspalette von Vio.Me um verschiedene ökologische Reiniger für Haushaltsoberflächen, Spülmittel und flüssige Handseife erweitert und ein eigener Laden in Thessaloniki eröffnet. Ende 2017 hatte Vio.Me 24 Arbeiter*innen, die sich etwa 500 Euro (nach Steuern) auszahlten. Dafür arbeiten sie aber nicht Vollzeit. Zudem wäre ihre Alternative angesichts der weiterhin desaströsen ökonomischen Situation in Griechenland wohl die Arbeitslosigkeit, bei der die monatlichen Leistungen 360 bis 460 Euro betragen und höchstens ein Jahr lang gezahlt werden. Vio.Me-Produkte sind wesentlich günstiger als die Preise vergleichbarer ökologischer Produkte auf dem griechischen Markt. Der Vertrieb erfolgt vorwiegend über lokale Märkte und Vertriebsnetze der Solidarökonomie in Griechenland und im europäischen Ausland. Zugleich sieht sich Vio.Me ständig neuen Räumungsdrohungen und Gerichtsverfahren ausgesetzt, zuletzt im Januar 2018. Bisher konnte Vio.Me. eine Räumung durch die eigene Mobilisierungskraft und die lokale, nationale und internationale Solidarität verhindern.

In Griechenland selbst inspirierte Vio.Me andere Betriebe zur Besetzung, auch wenn es letztlich in keinem anderen Unternehmen gelang, den Betrieb langfristig zu übernehmen und Arbeitsplätze sowie Produktion aufrechtzuerhalten. Der international bekannteste Fall war die Besetzung der öffentlich-rechtlichen Radio- und Fernsehgesellschaft Elliniiki Radiofonia Tileorasi (ERT). Nachdem die griechische Regierung am 11. Juni 2013 verkündet hatte, dass alle öffentlich-rechtlichen Radio- und Fernsehsender geschlossen werden würden (um sie umzustrukturieren und mit weniger Angestellten, reduzierten Arbeitsrechten und niedrigeren Löhnen wieder zu eröffnen), besetzten Arbeiter*innen und Angestellte das Radio in Athen sowie die regionale Anstalt ERT3 Thessaloniki und produzierten ihre eigenen Programme. Die Radiostation in Athen wurde am 5. September 2013 brutal geräumt. In Thessaloniki wurde eine Räumung durch Tausende, die das Gebäude schützten, verhindert und die Besetzer*innen setzten die Selbstverwaltung und die eigene Programmstruktur über zwei Jahre fort. Dann schritt die Regierung ein: Sie akzeptierte die Übernahme aller Beschäftigten, eine Programmstruktur unter Beteiligung der Beschäftigten und den Erhalt verschiedener Programme, die während der Besetzung geschaffen wurden. Zugleich setzte sie aber eine neue Leitung ein und die demokratische Entscheidungsstruktur wich erneut einer hierarchischen Struktur.

Auch die linkssozialdemokratische Tageszeitung *Eleftherotypia* (Pressefreiheit) ist ein interessanter Fall. Als erste Tageszeitung, die 1975 nach dem Ende der als »Obristenregime« bekannten Militärdiktatur erschien, war *Eleftherotypia* mit einer Auflage von

160.000 Exemplaren Griechenlands zweitgrößte Tageszeitung. Für die im Besitz einer reichen Unternehmerfamilie befindliche Zeitung wurde im Oktober 2011 Konkurs angemeldet, es folgten Entlassungen und Aussperrungen. Ein Teil der Belegschaft widersetzte sich und verknüpfte den Kampf gegen Entlassungen und Schließung des Betriebes mit der Gründung einer Kampfzeitung. Daraus entwickelte sich schließlich die Tageszeitung *Efimerida Ton Syntakton* (Zeitung der Redakteure), die heute mit einem klaren linken und mit Arbeitskämpfen solidarischen Profil eine tägliche Auflage von 50.000 Exemplaren hat. *Eleftherotypia* wurde hingegen, nach der Übernahme durch einen neuen Investor und starken Schrumpfungen, im Oktober 2014 endgültig eingestellt.

Türkei: Kazova Tekstil – Qualitätspullover und T-Shirts für alle

Kazova Tekstil war eine Textilfabrik in der Türkei, im Istanbuler Viertel Şişlicerca, in der Nähe des bekannten Taksim-Platzes. Ende 2012 verkündeten die Eigentümer*innen den Beschäftigten, das Unternehmen habe vorübergehend finanzielle Probleme, und bat sie, weiterzuarbeiten, obwohl sie die Löhne nicht pünktlich zahlen könnten. Nach Überwindung der akuten Schwierigkeiten, sollten alle ausstehenden Löhne gezahlt werden (Söylemez 2014). Die Beschäftigten arbeiteten weitere vier Monate unter diesen Konditionen, bis sie am 31. Januar 2013 von den Eigentümer*innen in einen einwöchigen unbezahlten Urlaub geschickt wurden. Nach ihrer Rückkehr fanden sie die Fabrik fast völlig ausgeräumt vor. Die Eigentümer*innen, die Familie Sumunçu, hatten die Maschinen, 100.000 Pullover und 40 Tonnen Rohmaterial entfernt und die Arbeiter*innen nicht nur ohne Arbeit, sondern auch mit vier Monaten unbezahlten Löhnen zurückgelassen (Umul 2013). Elf der 94 Arbeiter*innen resignierten nicht, sondern beschlossen, Widerstand zu leisten. Sie begannen, jeden Samstag im Zentrum der Stadt Istanbul gemeinsam mit anderen Arbeiter*innen zu demonstrieren, die ausstehende Löhne nachforderten und die Respektierung von Arbeitsrechten verlangten (Erbey/Eipeldauer 2013; Söylemez 2014).

Im April 2013 beschlossen die Arbeiter*innen von Kazova Tekstil, ein Protestcamp mit Zelten vor der Fabrik zu errichten, um zu verhindern, dass die Eigentümer*innen die restlichen Maschinen entfernten. Im Mai wurden sie von der Polizei mit Wasserwerfern und Tränengas angegriffen. Ende Mai begann jedoch die Gezi-Park-Bewegung und gab den Kazova-Arbeiter*innen neuen Mut und Stärke. Sie nahmen an Versammlungen und Diskussionsgruppen im Gezi-Park teil und erhielten große Unterstützung von der Bewegung.

Da sie immer noch keine Antwort von den Eigentümer*innen oder den Behörden erhalten hatten, begannen sie, die Besetzung des Betriebes vorzubereiten. Am 28. Juni erklärten sie schließlich öffentlich: »Wir – die Arbeiter der Textilfabrik Kazova – haben die Fabrik besetzt.« (Ebd.; Umul 2013) Sie reparierten drei Maschinen und bereiteten die Fabrik für eine Wiederaufnahme der Produktion vor.

Am 14. September 2013 begannen die Arbeiter*innen von Kazova mit der Produktion von Pullovern aus dem Rohmaterial, das sich noch in der Fabrik befand. Jedes Kleidungsstück hatte ein kleines Etikett mit der Aufschrift »Dies ist ein Produkt des Kazova-Widerstands!" (Söylemez 2013; Umul 2013). Die Produktionskapazität betrug zu dieser Zeit 200 Stück pro Tag. Die Produktionskosten pro Stück beliefen sich auf etwa 20 Türkische Lira (TL, etwa acht Euro). Unter den ehemaligen Eigentümer*innen betrug der Verkaufspreis 150 bis 300 TL (60 bis 120 Euro). Unter der Leitung der Belegschaft wurde beschlossen, die qualitativ hochwertigen Produkte zu erschwinglicheren Preisen um 30 TL (zwölf Euro) auf den Markt zu bringen.

Zu Beginn verkauften die Arbeiter*innen von Kazova ihre Produkte direkt vor der Fabrik und in den verschiedenen Nachbarschaftsversammlungen und thematischen Plena, die nach der gewaltsamen Räumung des Gezi-Parks entstanden (ebd.). Sie zahlten sich jedoch keine Löhne aus, da das verdiente Geld für Investitionen gebraucht wurde (Erbey/Eipeldauer 2013). Am 28. September organisierte Kazova eine Modenschau, aber anstelle typischer Models konnten die Gäste sehen, wie die Arbeiter*innen ihre neue Kollektion selbst auf dem Laufsteg präsentierten.

Nach der Modeschau gab es ein Konzert mit der bekannten kommunistischen Band Grup Yorum (ebd.; Umul, 2013).[15]

Ende Oktober 2013, nach zehnmonatigem Kampf, entschied ein Gericht, dass die ehemaligen Eigentümer*innen den Betrieb behalten könnten, aber die verbleibenden Maschinen den Arbeiter*innen als Entschädigung für die nichtgezahlten Löhne zu übergeben haben (Erbey/Eipeldauer 2013). Die Arbeiter*innen brachten die Maschinen in eine neue Produktionsstätte, die sie im Kagithane-Viertel von Istanbul angemietet hatten. Die Produktion ermöglichte es ihnen nun, sich auch Löhne auszuzahlen. Diese sind niedrig, aber für alle gleich.

Die Arbeiter*innen von Kazova verstehen sich als Teil einer internationalen Widerstandsbewegung. Als Zeichen der Solidarität wurden die Fußballtrikots des Baskenlandes und Kubas für ein Freundschaftsspiel in Havanna produziert (Söylemez 2014). Am 25. Januar 2014 eröffneten Kazova Tekstil das erste eigene Einzelhandelsgeschäft: *Diren Kazova-DİH* (Sweater- und Kulturladen) im Şişli-Viertel von Istanbul, wo sich einst die Fabrik befand. Der Laden wurde auch als Treffpunkt genutzt, *Erschwingliche Pullover für das Volk* ist das Motto von Kazova, mit dem er eröffnet wurde. Weitere Geschäfte in Istanbul und im Rest des Landes waren geplant (ebd.).

Neben der massiven Unterstützung aus den Nachbarschaftsversammlungen, die mit der Gezi-Park-Bewegung entstanden waren, erhielten die Arbeiter*innen von Kazova auch die Solidarität einer kleinen marxistisch-leninistischen Gruppe. Mit der Zeit wurde aus der Solidarität dieser Gruppe zunehmend Kontrolle. Die Entscheidungen wurden nicht mehr von den Arbeiter*innen getroffen, sondern von der ML-Gruppe, die den bereits bekannt gewordenen Namen Kazova für ihre eigene Propaganda nutzte und keinen ernsthaften Versuch unternahm, die Produktion wieder in vollem Umfang aufzunehmen. Die Konflikte zwischen der ML-Gruppe und den Arbeiter*innen, die über

---

[15] Ein anwesender linker Journalist erklärte, dass dies eine »proletarische Modenschau« und die Mode des Proletariats »Besetzen, Widerstand leisten, Produzieren!« sei.

die Maschinen verfügten, spitzten sich stetig zu. Im Mai 2014 beschloss die Belegschaft, mit der ML-Gruppe endgültig zu brechen und die Produktionsmaschinen an einen neuen Ort zu verlagern, um eine Genossenschaft zu gründen und wieder anzufangen zu produzieren. Die ML-Gruppe behielt den Namen Diren Kazova und den Laden.

Die Arbeiter*innen von Kazova begannen ihrerseits mit drei Grafiker*innen zusammenzuarbeiten, entwickelten neue Designs für Pullover und T-Shirts, die sie im November 2014 zu produzieren begannen. Sie werden auch vom nahegelegenen Sozialen Zentrum Caferağa (das nach den Gezi-Park-Protesten besetzt worden war) mit dem Verkauf ihrer Produkte unterstützt. Die neue Genossenschaft heißt *Textilgenossenschaft Freies Kazova*. Die produzierten Pullover gehören zur Eigenmarke *Pullover ohne Chefs*. Sie kosten umgerechnet 18 Euro, andere Pullover vergleichbarer Qualität kosten um die 100 Euro. Nachdem die erste Produktion komplett verkauft worden war, widmeten sich die Arbeiter*innen dem Ausbau ihres Vertriebsnetzes. Die Einnahmen werden, nach Abzug der Ausgaben und notwendiger Investitionen, unter allen Arbeiter*innen zu gleichen Teilen aufgeteilt. Neumitglieder der Genossenschaft erhalten zunächst ein niedrigeres Einstiegsgehalt, bevor sie nach einiger Zeit genauso viel wie alle anderen erhalten. Darüber hinaus beschloss die Kazova-Belegschaft, regelmäßig einen Geldbetrag zur Seite zu legen, um andere Arbeitskämpfe zu unterstützen. Im Jahr 2015 trafen sie sich mit den Kolleg*innen von Vio.Me an der Grenze zwischen der Türkei und Griechenland. Am Euromediterranen Treffen für eine Ökonomie der Arbeiter und Arbeiterinnen 2016 konnten die Kazova-Arbeiter*innen aufgrund der Situation in der Türkei nicht teilnehmen.

Ägypten: Stahl und Keramik

Seit Beginn dieses Jahrtausends übernehmen auch in Ägypten Arbeiter*innen Fabriken in Selbstverwaltung. In der Regel handelt es sich um Produktionsstätten, die entweder von den kapitalistischen Eigentümer*innen – meist in betrügerischer Absicht – geschlossen oder schlicht verlassen wurden und meist hohe Schulden gegenüber den Beschäftigen, Energieunternehmern und Zulieferern hinterließen, oder um ehemalige Staatsunternehmen nach einer Privatisierung mit Massenentlassungen und einer graduellen Schließung. In diesen Fällen entschieden Gerichte häufig, das Unternehmen den Beschäftigten in Selbstverwaltung zu übereignen. Die ehemaligen Beschäftigten verwalten die Unternehmen zunächst in gemeinschaftlicher Form mit demokratischen Mechanismen mit dem Ziel, sie möglichst in ein genossenschaftliches Modell zu überführen und dauerhaft selbst zu verwalten. Dadurch gelang es den Arbeiter*innen tatsächlich in diversen verschuldeten Unternehmen die akkumulierten Lohnausfälle auszugleichen, die Betriebsschulden abzubezahlen, und einen Mehrwert zu produzieren, der die Fortsetzung der Produktion ermöglichte (Moati 2017: 58). Gerichtsentscheidungen zugunsten einer Verwaltung in Arbeiter*innenhand sind nicht ungewöhnlich, zugleich kam es aber auch wiederholt dazu, dass ein Gerichtsbeschluss Betriebe nach ihrem Bankrott den Beschäftigten zur Selbstverwaltung zusprach, diese aber dennoch von der Polizei daran gehindert wurden, den Betrieb zu übernehmen (ebd.).

In Ägypten kam es infolge der Rebellion von 2011 in mindestens zwei Betrieben zu Produktion unter Arbeiter*innenkontrolle: Das Kouta-Stahlwerk in der Stadt Zehnter Ramadan, nördlich von Kairo, und Keramik Kleopatra, mit Tausenden Beschäftigten und zwei Werken, eines ebenfalls in Zehnter Ramadan und ein weiteres in Ain Suchna.[16] Dem Sturz Mubaraks am 25. Januar 2011 ging eine wachsende unabhängige Arbeiter*innenbewegung voraus, die seit 2003 zunehmend Streiks und Arbeitskämpfe organisierte. Diese sahen sich unter Mursi und unter dem neu-

---

[16] Es ist jedoch nicht unwahrscheinlich, dass es in den letzten Jahren des Aufruhrs, die dem Sturz von Husni Mubarak folgten, in der Übergangsphase bis zur Wahl von Mohamed Mursi und während der kurzen Amtszeit von Mursi, bevor er vom Militär gestürzt wurde, weitere Betriebsbesetzungen und Übernahmen gegeben hat, die dem Beispiel Koutas folgten.

en Militärregime starker Repression ausgesetzt (Alexander/Bassiouny 2014; Ali 2012; Good 2017).

Die Kouta-Stahlwerk in Zehnter Ramadan wurde wenige Monate nach der Einstellung der Lohnzahlungen im März 2012 von den Eigentümer*innen aufgegeben und verlassen. Im Vorfeld hatten die Arbeiter*innen mehrere Kämpfe und Streiks mittels ihrer unabhängigen Gewerkschaft organisiert. Nachdem der Eigentümer die Fabrik vollständig aufgab, begannen die Beschäftigten einen Kampf, der »Besetzungen und juristische Auseinandersetzungen mittels der Generalstaatsanwaltschaft und des Arbeitsministeriums einschloss. Der Kampf gipfelte in einer historischen Entscheidung des Generalstaatsanwalts vom August 2012, die das Recht der Arbeiter*innen bestätigte, das Werk in Selbstverwaltung zu übernehmen, und den Ingenieur Mohsen Saleh autorisierte, die Fabrik zu leiten.« (Kouta Steel Factory Workers 2013) Die Arbeiter*innen bauten kollektive Entscheidungsgremien auf und wählten einen technischen Ausschuss, um die Produktion zu koordinieren.

Um die Produktion wieder aufzunehmen, mussten die Arbeiter*innen mit Gas- und Stromlieferanten verhandeln, um Schulden des früheren Eigentümers in Höhe von 3,5 Millionen US-Dollar neu zu strukturieren. Zudem waren die Beschäftigten, die monatelang nicht bezahlt worden waren, gezwungen, ihre Löhne um die Hälfte zu reduzieren, um Rohstoffe für die Produktion zu kaufen. Im April 2013 begann die Produktion unter der Leitung des von den Arbeitern gewählten technischen Ausschusses.[17]

Keramik Kleopatra ist ein Unternehmen, das mit Tausenden Beschäftigten eine Vielzahl von Keramikprodukten, von Kacheln und Fliesen bis zu Waschbecken und Toilettenschüsseln, produziert. Es war früher im Besitz von Mohamed Abul-Enein, Angehöriger der ägyptischen Elite aus dem Umfeld des ehemaligen Präsidenten Mubarak und Abgeordneter der Demokra-

---

[17] Kurz zuvor hatten die Arbeiter einen Solidaritätsbrief an die Arbeiter*innen von Vio.Me in Griechenland geschickt (Kouta Steel Factory Workers 2013).

tischen Nationalen Partei von Mubarak. Im Juli 2012 schloss Abul-Enein, der als rücksichtsloser Arbeitgeber bekannt ist, die zwei Niederlassungen von Keramik Kleopatra ohne Vorankündigung. Die Beschäftigten von Keramik Kleopatra hatten bereits seit 2011 wiederholt die Niederlassungen besetzt und Demonstrationen mit der Beteiligung von Tausenden von Beschäftigten organisiert (Good 2017; Marfleet 2013). »Als er [Abul-Enein] die nach einer Besetzung der Fabrik ausgehandelten Vereinbarungen nicht erfüllte, reisten die Arbeiter*innen nach Kairo, marschierten zum Präsidentenpalast und erzielten eine mit Mursi ausgehandelte Vereinbarung. Als diese Vereinbarung ebenfalls nicht erfüllt wurde, stürmten sie ein Regierungsgebäude in Suez und forderten die Bestrafung von Abul-Enein. Schließlich besetzten sie das Werk in Ain Suchna, nahmen die Produktion selbst wieder auf und begannen, ihre Produkte direkt zu verkaufen, um ihr Einkommen zu sichern (ebd.).

Chicago, USA: New Era Windows

Am 9. Mai 2013 begann die Genossenschaft New Era Windows (ehemals *Republic Windows and Doors*) in Chicagos Southwest Side offiziell mit ihrer Produktion unter Arbeiter*innenkontrolle – es brach wortwörtlich eine neue Ära für die Beschäftigten an. 17 Mitarbeiter*innen »produzieren Fenster mit hoher Energieeffizienz und Qualität zu einem revolutionären Preis«, wie es auf ihrer Website (www.newerawindows.com) heißt: »Die Verwendung von energieeffizienten Fenstern ist eine erschwingliche Form, um hohe Energiekosten zu bekämpfen und auf lange Sicht einen Schritt in Richtung Nachhaltigkeit zu machen!« Alle Entscheidungen im Betrieb werden auf der Arbeiter*innenversammlung getroffen, die sich mindestens einmal pro Woche trifft. Alle beteiligen sich, diskutieren mit und haben das gleiche Stimmrecht. Armando Robles, Arbeiter von New Era Windows, Vorsitzender der lokalen Gewerkschaftssektion 1110 der United Electrical Workers und eine der zentralen Persönlichkeiten hinter dem Kampf der vergangenen zwölf Jahre, erklärt: »In diesem Moment sind die Dinge langsam, aber wir wissen, in zwei oder drei Wochen werden wir viel Arbeit haben, jetzt erfüllen wir kleine Bestellungen und bereiten die Maschinen und Werkzeuge für eine größere Produktionsreihe vor, die in zwei oder drei Wochen beginnen wird.« (Interview 2.3.2014)

Um an diesen Punkt zu gelangen, besetzten die Arbeiter*innen zweimal ihre alte Fabrik auf Goose Island, der einzigen Insel in der Mitte des Chicago River. Die zweite Besetzung im Februar 2012 endete mit einer Frist von 90 Tagen, um einen neuen Investor zu finden oder das Unternehmen selbst zu kaufen. Die Arbeiter nahmen den zweiten Weg. Sie mussten jedoch noch viele Hindernisse überwinden. »Seit 2012 haben die Arbeitnehmer enorme Herausforderungen bewältigt. Zunächst der Kampf um das Recht, am Verhandlungstisch zu sitzen, um den Betrieb zu kaufen, dann die Demontage der Fabrik und ihre Umsiedlung quer durch die Stadt in einen aus finanzieller und räumlicher Sicht für die Arbeiter*innen akzeptablen Ort. Die Arbeiter*innen unternahmen jeden dieser Schritte selbst und zeigten dabei ihr unglaubliches Potenzial, das in ihren früheren Jobs nie ausgeschöpft wurde.« (The Working World 2013)

Um die Kosten zu senken, haben die Arbeiter*innen fast alle Arbeiten selbst durchgeführt. Sie entfernten die Maschinen, die sie gekauft hatten, aus der alten Fabrik, transportierten sie in die neue Produktionsstätte und installierten sie dort. Sie installierten auch selbst die Wasserleitungen in ihrem neuen Betrieb (Cancino 2013).

Der vorangehende Kampf der Arbeiter*innen – hauptsächlich Latinos/as und Afroamerikaner*innen – in ihrem Betrieb war sehr lang. Er begann im Jahr 2002, als die damals 350 Beschäftigten des Unternehmens einen nicht autorisierten Streik ausriefen, weil die Gewerkschaft, der sie – durch den Eigentümer Richard Gillman – gezwungen wurden beizutreten, nicht in ihrem Interesse handelte. Ihr Kampf gegen Niedriglöhne, Überstunden und schlechte Arbeitsbedingungen war nicht erfolgreich. Aber die Arbeiter*innen begannen sich zu organisieren und traten im Jahr 2004 der lokalen Sektion 1110 bei, einem Zweig der Basisgewerkschaft United Electrical, Radio- und Maschinenarbeiter Amerikas (UE) und erreichten, dass das Unternehmen einen Vertrag mit UE unterzeichnete (Lydersen 2009). In den Jahren 2007 und 2008 bemerkten die Arbeiter*innen, dass die Produktion zurückging und etwas nicht stimmte: »Im Juli 2008 hatte das Unternehmen in nur sechs Monaten rund 3 Millionen US-Dollar verloren. [...] Die Maschinen verschwanden nach und nach, und Arbeiter*innen, die nachfragten, erhielten nur ausweichende Antworten. [...] Erst später fanden sie heraus, dass die Maschinen in die Kleinstadt Red Oak in Iowa verlegt wurden, wo Richard Gillmans Ehefrau eine Fenster- und Türenfabrik gekauft hatte.« (Ebd.)

Am 2. Dezember 2008 erfuhren die damals noch angestellten 250 Arbeiter*innen vom Werksleiter, dass der Betrieb drei Tage später, am 5. Dezember, geschlossen werden sollte. Die Beschäftigten sollten nicht nur ihre Arbeit und ihr Einkommen verlieren, auch die Krankenversicherung für sie und ihre Familien sollte zwei Wochen später auslaufen. Sie sollten weder Abfindungen für die plötzliche Entlassung erhalten, noch sollten die bisher unbezahlten Krankentage und die ausstehenden Urlaubstage ausgezahlt werden. Diese kurzfristige Ankündigung der Schließung und Entlassung war völlig illegal. Die Gewerkschaft reichte vor Gericht eine Beschwerde gegen das Unternehmen wegen Verletzung des *Worker Adjustment and Retraining Notification Act* (WARN) ein, ein Bundesgesetz, das Arbeitgeber in Betrieben mit 100 oder mehr Beschäftigten verpflichtet, Massenentlassungen mindestens 60 Tage im Voraus anzukündigen. Laut Gewerkschaft schuldete der Betrieb den Arbeiter*innen 1,5 Millionen US-Dollar Urlaubsgeld und Entschädigungen für die Entlassung, und verlangte eine Verlängerung der Krankenversicherung (Cancino 2013; Lydersen 2009).

Die Arbeiter*innen forderten, dass die Bank of America und JP Morgan/Chase, die in der Vergangenheit Republic Windows und Doors hohe Kredite gewährt hatten, die Beschäftigten bezahlen solle. Um ihren Forderungen Nachdruck zu verleihen, beschlossen sie, die Fabrik zu besetzen und nicht weiterzuarbeiten. Nach sechs Tagen Besetzung und drei Tagen harter Verhandlungen mit beiden Banken, willigten diese ein und zahlten jeweils

1,35 Millionen US-Dollar und 400.000 US-Dollar, obwohl sie juristisch nicht verantwortlich waren. Republic Windows and Doors meldete am 15. Dezember 2008 Konkurs an. Im Dezember 2013 wurde der ehemalige Geschäftsführer Richard Gillman wegen des Diebstahls von 500.000 US-Dollar aus dem Firmenvermögen zu vier Jahren Haft verurteilt.[18]

Im Februar 2009 kaufte die kalifornische Firma Serious Energy, spezialisiert auf Fenster mit hoher Energieeffizienz und umweltschonenden Baumaterialien, Republic Windows und Doors. Das Unternehmen stellte in Aussicht, mittelfristig alle Beschäftigten wieder einzustellen und alle mit der Gewerkschaft zuvor unterzeichneten Vereinbarungen einzuhalten. Nach einigen Monaten hatte Serious Energy nur 15 Arbeiter*innen wieder eingestellt und nach mehr als zwei Jahren waren es insgesamt nur 75. Anfang 2012 wurde der Personalbestand wieder auf 38 Mitarbeiter*innen reduziert (Slaughter 2012). Auf der Webseite der Genossenschaft New Era Windows heißt es: »Leider funktionierte der Geschäftsplan von Serious Energy, der für die Fensterfabrik nur eine drittrangige Rolle vorsah, nie, und das Unternehmen musste die Produktion drastisch einschränken, bis hin zur Schließung des Betriebes. Wieder einmal wurden die Arbeiter und Arbeiterinnen trotz ihrer profitablen Arbeit in einem finanziellen Spiel, das sie nicht unter Kontrolle hatten, geopfert.« (New Era Windows Cooperative 2013)

Am Morgen des 23. Februar 2012 wurden die verbleibenden 38 Beschäftigten von einem Anwalt von Serious Energy darüber informiert, dass das Werk noch am selben Tag den Betrieb einstellen und schließen würde. Die Produktion werde an einem anderen Standort konsolidiert. Der Eigentümer hatte vorsorglich die Polizei ins Werk gerufen und die Arbeiter*innen aufgefordert, das Betriebsgelände zu verlassen. Innerhalb weniger Minuten beschlossen die Arbeiter*innen, den Betrieb erneut zu besetzen, ohne jegliche Möglichkeit sich vorzubereiten, ohne Schlafsäcke, Lebensmittel oder andere benötigte Ausrüstung. Aber die Arbei-

---

[18] »Republic Windows ex-CEO gets 4 years in prison«, Chicago Tribune, 5. Dezember 2013.

ter*innen blieben nicht allein. Stadtteilgruppen, Arbeiter*innenorganisationen und das zu dem Zeitpunkt aktive Occupy Chicago mobilisierten zu der Fabrik. Am Abend befanden sich bereits 65 Menschen in der Fabrik und weitere 100 vor dem Gebäude, um die Arbeiter*innen mit Schlafsäcken, Pizzas, Tacos und Getränken zu unterstützen (Cancino 2013; Slaughter 2012). Die Arbeiter*innen verlangten, dass Serious Energy die Fabrik weitere 90 Tage in Produktion halte, während ihre Gewerkschaft nach einem neuen Investor Ausschau halten würde oder sie selbst die Anlage kaufen würden. Der Protestgeschichte wohl bewusst, akzeptierte Serious Energy die Forderung der Arbeiter*innen nach nur elf Stunden (ebd.).

Die Beschäftigten hatten sich zum Ziel gesetzt, die Kaufsumme zu sammeln und die Fabrik in eine Genossenschaft zu verwandeln, die von ihnen selbst verwaltet werden würde. Aber Serious Energy wollte das Werk an den Höchstbietenden verkaufen und somit von den Arbeiter*innen einen für sie unerreichbaren Preis verlangen. Also mussten sie zunächst um ihr Recht kämpfen, am Verhandlungstisch zu sitzen. Es gelang ihnen, großen öffentlichen und politischen Druck zu erzeugen und erfolgreich eine Genossenschaft zu gründen. Die Arbeiter*innen zahlten jeweils 1.000 US-Dollar ein, und die Non-Profit-Organisation *The Working World* aus New York, die selbstverwaltete Genossenschaften in Argentinien und Nicaragua mit Krediten und technischer Hilfe unterstützt, gewährte ihnen ein Darlehen in Höhe von 665.000 US-Dollar. Mit diesem Geld kauften sie die Produktionsmaschinen und brachten sie in ihr neues Werk, das sie im Stadtteil Brighton Park im Südwesten Chicagos anmieteten. Die Arbeiter*innen besuchten Kurse für Genossenschaftsverwaltung und bereiteten sich darauf vor, das Unternehmen zu führen (The Working World 2013). Im Mai 2013 begann der Verkauf der neuen Fenster der von den Arbeiter*innen selbstverwalteten Genossenschaft *New Era Windows*. 2017 hatte der Betrieb 25 Beschäftigte und produzierte mit Erfolg die qualitativ besten Fenster Chicagos.

Gemeinsame Herausforderungen für RBA und Arbeiter*innen

RBA, besetzt oder legalisiert, stehen in der Regel vor ähnlichen Herausforderungen. Zu diesen gehören meist die mangelnde Unterstützung durch politische Parteien und traditionelle Gewerkschaften oder deren offene Feindseligkeit, Ablehnung und Sabotage durch die früheren Eigentümer*innen und andere kapitalistische Unternehmen und deren Verbände, das Fehlen von juristischen Unternehmenskonstruktionen, die den Vorstellungen der Arbeiter*innen entsprechen, ein fehlender oder unzureichender institutioneller Rahmen, Behinderung durch staatliche Institutionen und wenig oder kein Zugang zu Finanzierungshilfen und Krediten, am wenigsten von privaten Finanzinstituten.

Der allgemeine Kontext für zeitgenössische RBA ist nicht günstig. Die Besetzungen finden während einer globalen Wirtschaftskrise statt. Neue produktive Aktivitäten zu beginnen und Marktanteile in einer rezessiven Wirtschaft zu erobern, ist keine leichte Aufgabe. Darüber hinaus ist der Zugang zu Kapital für Unternehmen, die von Arbeiter*innen kontrolliert werden, schwieriger und reduzierter als für kapitalistische Unternehmen. Im Allgemeinen findet die Besetzung eines Betriebs statt, nachdem die Eigentümer*innen diesen und die Belegschaft aufgegeben haben, sei es, dass sie das Unternehmen plötzlich geschlossen haben und nicht mehr zurückgekehrt sind, oder dass sie die Arbeiter*innen von einem Tag auf den anderen entlassen. Die Eigentümer*innen schulden den Beschäftigten in der Regel unbezahlte Löhne, Urlaubstage, Abfindungen und häufig auch Sozialbeiträge. Oft beginnen sie bereits vor der Schließung des Betriebes, Maschinen, Fahrzeuge und Rohstoffe abzutransportieren. In einer solchen Situation, mit der Aussicht eines langen Kampfes, mit geringer oder gar keiner finanziellen Unterstützung, und mit der Perspektive eines unsicheren Ausgangs, verlassen meistens die qualifiziertesten Arbeiter*innen, oft auch die jüngeren, den Betrieb. Die Verbleibenden müssen zusätzliche Kenntnisse in verschiedenen Bereichen erwerben, um nicht nur den Produktionsprozess im engeren Sinne zu kontrollieren, sondern auch das gesamte Unternehmen mit allem, was es beinhaltet, zu verwalten. Sobald aber die Arbeiter*innen den Betrieb übernehmen und wieder produzieren, fordern die ehemaligen Besitzer*innen in der Regel die Rückgabe der Firma.

Entgegen der allgemeinen Vorstellung, dass kapitalistische Unternehmer*innen sich nur für Geschäfte interessieren, ganz gleich, wie und mit wem diese getätigt werden, betrachten sie von Arbeiter*innen kontrollierte Unternehmen häufig aus verschiedenen Gründen als inakzeptabel. RBA und andere von Arbeiter*innen selbstverwaltete Unternehmen sehen sich daher nicht nur den inhärenten Nachteilen des Kapitalismus ausgesetzt, da sie einer anderen Logik folgen und andere Prioritäten setzen, sondern treffen auch häufig auf Ablehnung, Angriffe und Feindseligkeiten seitens der kapitalistischen Unternehmen und Institutionen sowie Teilen des bürgerlichen Staates. Unternehmen, die von ihren Arbeiter*innen kontrolliert werden, die sich nicht vollständig den Regeln des Kapitalismus unterwerfen, werden als Bedrohung angesehen, da sie zeigen, dass es möglich ist, anders zu arbeiten. Die venezolanische Fabrik für Industrieventile, Inveval, die unter Arbeiter*innenkontrolle steht, sah sich zum Beispiel damit konfrontiert, dass Ventile, die sie in privaten Gießereien produzieren ließ, absichtlich mit Fehlern geliefert wurden (Azzellini 2017a).

Gemeinsame Charakteristika der RBA – einige Schlussfolgerungen

Die bekanntesten Fälle von Betriebsrückeroberungen durch die Belegschaften, die hier beschrieben wurden, weisen untereinander große Unterschiede auf. Einige Betriebe verfügen über moderne Produktionsanlagen und sind aus technischer Sicht vollständig und umfassend produktionsfähig. Andere wurden hingegen von den ehemaligen Eigentümer*innen regelrecht geplündert und mussten bei null anfangen.

Die traditionellen Gewerkschaften haben sehr unterschiedlich auf RBA reagiert. Keine traditionelle Gewerkschaft in den genannten Ländern mit RBA fördert von sich aus deren Entstehung.

Einige neuere radikale und einige wenige traditionelle Gewerkschaften respektieren oder unterstützen jedoch Basisentscheidungen. So hat die kommunistische *Confédération générale du travail* (*CGT*) den Kampf der Ex-Fralib aktiv unterstützt. In Italien unterstützen die traditionellen Gewerkschaften RBA nicht und ignorieren sie. Lediglich die Metallarbeitergewerkschaft *FIOM* (*Federazione Impiegati Operai Metallurgici*) des ehemals kommunistischen Gewerkschaftsverbandes *CGIL* (*Confederazione Generale Italiana del Lavoro*), die älteste Gewerkschaft Italiens, hat sich zugunsten von RBA ausgesprochen – ohne jedoch tatsächlich konkrete RBA zu unterstützen. Diverse kleinere radikale linke Basisgewerkschaften haben hingegen Betriebsbesetzungen und Betriebsübernahmen direkt unterstützt. So haben die *RSU* (*Rappresentanze Sindacali Unitarie*) dem Kampf von Ri-Maflow beigestanden. In Griechenland unterstützt kein landesweiter Gewerkschaftsverband RBA. Und die KP-nahe Gewerkschaft *PAME* lehnt RBA ab und hat die Arbeiter von Vio.Me als kleinbürgerliche Kapitalisten bezeichnet, als diese die Produktion unter Arbeiter*innenkontrolle begannen.

In den USA konnte Republic Doors and Windows auf die tatkräftige Unterstützung der kleinen linken traditionsreichen Gewerkschaft United Electrical Workers zählen.

Auch die Reaktion lokaler Institutionen ist von Land zu Land unterschiedlich und hat sehr unterschiedliche Bedingungen für die RBA zur Folge. Letztlich haben aber die lokalen Institutionen in den meisten Fällen dem Druck der Mobilisierungen von unten nachgegeben. In Frankreich herrscht nach wie vor eine starke politische Kultur der Verteidigung lokaler Produktion und Arbeitsplätze. Sogar François Hollande besuchte als Präsidentschaftskandidat Fralib und sagte seine Unterstützung zu. Nach seiner Wahl unternahm er jedoch keine konkreten Schritte. Die lokale Verwaltung intervenierte nicht bei der Besetzung von Fralib und versuchte eine Vermittlerrolle einzunehmen. Sie erwarb schließlich von Unilever zu einem symbolischen Preis das Grundstück, auf dem Fralib steht. In Italien hingegen sind nahezu alle Parteien und Institutionen von der neoliberalen Ideologie durchdrungen. Dennoch reagierten lokale Institutionen auf den

Druck von unten und ignorieren in der Regel den illegalen Status von RBA, so im Fall von RiMaflow und Officine Zero. RiMaflow wurde von der Stadtverwaltung sogar Unterstützung zugesagt, was sie aber nicht daran hinderte, gelegentlich die Stabilität von RiMaflow durch bürokratische Maßnahmen zu gefährden, wie z.b. ein Verbot des wöchentlich stattfindenden Flohmarktes, da es sich um ein Industriegebiet handele und Handelsaktivitäten nicht gestattet seien. Sogar in den USA konnte die Mobilisierung politische Unterstützung auf lokaler Ebene für den Kampf der ehemaligen Beschäftigten von Republic Doors and Windows herbeiführen. In Griechenland hingegen unterstützte die vermeintlich linke Syriza-Regierung den Kampf von Vio. Me nicht, ebenso wenig taten dies lokale Institutionen. Vertreter*innen von Syriza versuchten sogar die Vio.Me-Arbeiter*innen davon zu überzeugen, die Besetzung aufzugeben, um dann eine Lösung auszuhandeln. Weder die Syriza-Regierung noch die Stadtverwaltung intervenierten, als der ernannte Konkursverwalter mehrmals versuchte, Vio.Me vor Gericht aufzulösen. Mobilisierungen dagegen waren stets mit massivem Polizeiaufgebot konfrontiert.

Jenseits dessen besitzen alle RBA aber viele Gemeinsamkeiten. Die gemeinsamen Merkmale sind jedoch nicht verbindlich, um zwischen authentischen und nicht authentischen RBA zu differenzieren. Nicht alle RBA weisen notwendigerweise alle beschriebenen allgemeinen Charakteristika auf. Andererseits ist aber jedes Merkmal für sich und aus dem Kontext herausgenommen und getrennt von den anderen Merkmalen kein Hinweis auf die Perspektive einer anderen Gesellschaft jenseits des Kapitalismus. Es ist die Kombination mehrerer Charakteristika, die aus den RBA Laboratorien und Motoren einer anderen, ersehnten Zukunft macht.

Alle RBA – noch besetzt oder bereits mit legalem Status und Genossenschaftseigentum – werden demokratisch verwaltet. Die Entscheidungsmechanismen gründen überall auf Formen direkter Demokratie mit dem gleichen Stimmgewicht aller Beteiligten, sei es als Räte oder als Versammlungen. Das ist auch in der kroatischen Fabrik für Präzisionswerkzeuge ITAS der Fall, in der es neben den Arbeiter*innen noch externe Teileigentümer*innen gibt. Jedoch wurde bei ITAS durchgesetzt, dass jeder Eigentümer nur eine Stimme hat, unabhängig davon, wie groß die Höhe seiner formalen Beteiligung auch sein mag. Damit bleibt den Beschäftigten die Kontrolle über den Betrieb erhalten. Diese Mechanismen direkter Demokratie, die in den Betrieben unter Arbeiter*innenkontrolle eingeführt wurden, werfen wichtige Fragen auf. Dies nicht nur bezüglich der Betriebe selbst, sondern auch bezüglich darauf, wie Entscheidungen in der gesamten Gesellschaft getroffen werden. Diese Mechanismen in einem Betrieb einzuführen, stellt nicht nur die kapitalistischen Betriebe infrage, sondern die gesamte Logik des liberal-demokratischen und repräsentativen Systems.

Mit den direktdemokratischen Entscheidungsmechanismen einhergeht, dass die formalen und sozialen Arbeitshierarchien, die im Laufe des Kampfes ihre Bedeutung verlieren, auch bei Wieder- und Neubeginn der Produktion nicht wieder eingeführt werden. Das spiegelt sich auch im Einkommen wider. In den bekannten Fällen erhalten alle das gleiche Grundgehalt und, je nach Familiensituation, werden Zulagen von höchstens 20% gezahlt.

Ein weiteres offensichtliches gemeinsames Merkmal ist die Besetzung. Dies bedeutet, dass eine als illegal geltende Handlung begangen wird, und die Beschäftigten damit in einen Konflikt mit den Institutionen treten. Es ist eine direkte Aktion der Arbeiter*innen selbst. Sie sind keine Repräsentant*innen, sie warten auch nicht auf eine Vertretung – sei es eine Gewerkschaft oder eine Partei oder staatliche Institutionen – um ihr Problem zu lösen, bevor sie handeln. Wie Malabarba zu Recht betont: »Die Aktion muss umgekehrt werden: Zuerst wird die Initiative aufgebaut, es wird besetzt, und dann folgt der Kontakt mit den Institutionen, die mehr oder weniger bewusst gescheitert sind.« (Malabarba 2013: 149)

Massimo Lettiere von RiMaflow erklärt anschaulich warum diese Grenzübertretung notwendig ist: »Illegalität ist ein ziemlich elastisches Konzept. Wir haben überlegt und sind zu einem Schluss gekommen: Die Gesetze werden im Parlament gemacht, und der Standard ist, etwas zu regeln, was bereits geschieht. Das einzige Gesetz, das das italienische Parlament jemals zugunsten von Arbeitern verabschiedet hat, war das Gesetz 300 aus dem Jahr 1970: Das Arbeitnehmerrecht. Warum haben sie dieses Gesetz verabschiedet? Weil es eine Bewegung gab, und weil der Inhalt des Gesetzes bereits im Tarifvertrag der Metallarbeiter eingefügt worden war. Die Arbeiter hatten das Recht bereits erkämpft. Das Gesetz hat letztlich sogar das, was bereits existierte, wieder zum Schlechteren gewandelt ... Das Gesetz hat also etwas genormt, das bereits existierte. Wenn wir wollen, dass es eines Tages ein Enteignungsgesetz gibt, welches festlegt, dass, wenn ein Unternehmen die Produktion verlagern will oder Konkurs anmeldet, es in die Hände der Arbeiter übertragen werden muss, da sie es weiterführen können, müssen wir zuerst die Fabrik besetzen. Du musst von der Illegalität aus beginnen. Wenn es erstmal eine Bewegung der Wiederaneignung der Produktionsmittel gibt, dann wird es auch ein Gesetz für uns geben. Und diesen Weg beginnen wir zu bauen.« (Interview 31.1.2014)

Die lateinamerikanische Erfahrung bestätigt diese Analyse. In Argentinien, Brasilien, Uruguay und Venezuela waren die Arbeiter*innen den Parteien, Gewerkschaften und Institutionen stets in Bezug auf praktische Antworten voraus. Enteignungen, Verstaatlichungen, Gesetze, finanzielle und technische Unterstützung usw. kamen immer erst nach der Initiative der Arbeiter*innen und waren eine Reaktion auf den Kampf und die direkte Aktion.[19] Das gleiche gilt für die Produktionstätigkeit der RBA: Striktes Befolgen der Gesetze, das Warten auf alle gesetzlichen Genehmigungen und die Zahlung von Steuern würden einfach bedeuten, dass die Produktion niemals wieder aufgenommen wird.

In allen untersuchten Betrieben wird das Eigentum an den Produktionsmitteln von privatem Eigentum in kollektives so-

---

[19] Mit Ausnahme von Venezuela, wo einige Enteignungen, Verstaatlichungen und politische Initiativen von Regierungsinstitutionen ausgingen. Dennoch müssen die Arbeiter*innen für eine echte Partizipation an der Verwaltung ihrer Betriebe und für Arbeiter*innenkontrolle kämpfen (Azzellini 2017a).

ziales Eigentum verwandelt. Die Art und Weise, in der dies geschieht, stellt das Privateigentum an Produktionsmitteln infrage.

Ein Teil der Betriebe musste sich neu erfinden, häufig kann die vorherige produktive Tätigkeit nicht auf die gleiche Weise ausgeführt werden, weil die Maschinen vom Eigentümer entfernt wurden; weil es eine hochspezialisierte Tätigkeit war, mit sehr wenigen Kunden, zu denen die Arbeiter*innen keinen Zugang haben; weil die notwendigen Rohstoffe zu teuer sind; oder weil die Arbeiter*innen dies aus anderen Gründen, wie z.B. Umwelt- oder Gesundheitsschädlichkeit, beschließen. In allen gut dokumentieren Fällen haben ökologische Aspekte und Fragen der Nachhaltigkeit für die Produktionsentscheidungen der Arbeiter*innen eine zentrale oder zumindest wichtige Rolle gespielt, sei es, dass eine Entscheidung für Recyclingprojekte gefällt wird, wie dies in den beiden italienischen Fabriken der Fall ist, oder die Produktionsumstellung von Vio.Me in Thessaloniki von Industrieklebstoffen und Lösungsmitteln zu Bio-Reinigungsprodukten. Seien es die beiden Fabriken in Frankreich, die ebenfalls auf Bio-Produkte und auf die Verwendung lokaler und regionaler Rohstoffe umgestellt haben und ihre Produkte vorwiegend lokal und regional vertreiben oder die US-amerikanischen New Era Windows, welche die Produktion auf energieeffiziente Fenster umgestellt hat. Die Problematik wird von den Arbeiter*innen selbst in einem größeren Kontext gesehen: einerseits in Bezug auf die Zukunft des Planeten und andererseits betreffs der Gefahren für die Gesundheit der Beschäftigten und der in der Umgebung der Produktionsstätten lebenden Menschen. Das Gewicht ökologischer Aspekte ist, genauso wie die demokratischen Praktiken, Bestandteil der neuen Gesellschaft, die von den Arbeiter*innen angestrebt wird.

Der Kampf der Arbeiter*innen und des besetzten oder rückeroberten Betriebes wird auch zu einem Raum, in dem neue soziale Beziehungen entwickelt und praktiziert werden: Auf Affektivität basierendes Vertrauen, gegenseitige Hilfe, Solidarität unter den Beteiligten und Solidarität mit anderen, Partizipation und Gleichheit sind einige der Eigenschaften der neuen sozialen Beziehungen, die aufgebaut werden. Neue Werte, oder zumindest

Werte, die sich von denen unterscheiden, die den Prozess der kapitalistischen Produktion charakterisieren, entstehen. Zum Beispiel kann festgestellt werden, dass die Sicherheit am Arbeitsplatz zur Priorität wird, wenn die Arbeiter*innen entscheiden. RBA entwickeln im Allgemeinen eine starke Beziehung zum Territorium: Sie unterstützen die Nachbarschaft und erhalten deren Unterstützung, interagieren mit verschiedenen Subjektivitäten, die auf dem Territorium vorhanden sind, und entwickeln gemeinsame Initiativen. Sie bilden und festigen auch Verbindungen zu verschiedenen sozialen Bewegungen und politischen und sozialen Organisationen. Alle in diesem Kapitel beschriebenen RBA stehen in direktem Kontakt mit sozialen Bewegungen und insbesondere mit den neuen sozialen Bewegungen, die Teil der neuen globalen Revolte seit 2010 sind. Diese Modalitäten entsprechen den Erfahrungen in Lateinamerika, wo die erfolgreichen RBA sich dadurch auszeichnen, dass sie eine starke Verankerung vor Ort haben und enge Beziehungen zu anderen Bewegungen unterhalten (Azzellini/Ness 2012; Azzellini [Hrsg.] 2015; Azzellini 2015; 2017a; 2017b).

Die RBA knüpfen zunehmend auch stärkere Beziehungen untereinander und mit Genossenschaften, die den gleichen Prinzipien von Solidarität und Demokratie folgen. Ende Oktober 2016 nahmen rund 300 Personen an dem II. Euromediterranen Treffen der Ökonomie der Arbeiter und Arbeiterinnen in Vio.Me teil. Arbeiter*innen fast aller in diesem Kapitel vorgestellten europäischen RBA nahmen daran teil: Ex-Fralib, Officine Zero und Ri-Maflow, die bereits am ersten Treffen bei Fralib teilgenommen hatten, und darüber hinaus auch DITA und ITAS-Prvomajska. Die Arbeiter*innen von Kazova konnten nicht teilnehmen, da sie von den Behörden an der Ausreise aus der Türkei gehindert wurden. Darüber hinaus nahmen Arbeiter*innen aus mehreren europäischen Ländern sowie von RBA und Genossenschaften aus Lateinamerika teil. Das Treffen selbst wurde von Vio.Me zusammen mit einem Netzwerk unterschiedlicher griechischer Genossenschaften organisiert, die sich selbst in einen entsprechenden sozialen und politischen Kontext stellen. Über den praktischen und politischen Austausch hinaus einigten sich die Teilnehmenden darauf, einen Fonds zur gegenseitigen Unterstützung von Genossenschaften unter Arbeiter*innenkontrolle einzurichten und den Aufbau eines unabhängigen Netzwerks von Betrieben unter Arbeiter*innenkontrolle für den Vertrieb verschiedener Produkte zu schaffen. Es wurde beschlossen, gemischte Arbeitsgruppen einzurichten, um konkrete Schritte zu planen und zu vereinbaren, und dadurch den Aufbau einer Ökonomie der Arbeiter*innen voranzutreiben (Dinamopress 2016).

Kapitel 2
Besetzen, Widerstand leisten, Produzieren![20]
Rückeroberte Betriebe in Argentinien, Brasilien, Uruguay und Venezuela

In Lateinamerika wurden in den vergangenen zwei Jahrzehnten Hunderte Betriebe von Arbeiter*innen besetzt und in Selbstverwaltung überführt. Am bekanntesten ist der Fall Argentiniens, wo Betriebsbesetzungen in den 1990er Jahren ihren Anfang nahmen und infolge der Krise von 2000/2001 stark anstiegen und zu einer Bewegung wurden. Weniger bekannt ist, dass es auch in Brasilien, Uruguay und Venezuela zu umfangreichen »Rückgewinnungen« von Betrieben durch Arbeiter*innen kam (Azzellini 2012a; 2012b; Chedid et al. 2013; Sardá/Novaes 2012; Rieiro 2015). Diese Form von Arbeitskampf entstand und entsteht nach wie vor in erster Linie durch die Eigeninitiative der Arbeiter*innen angesichts des Ausbleibens gewerkschaftlicher Gegenwehr.

Die Besonderheit der Betriebsbesetzungen und der Betriebe unter Arbeiter*innenkontrolle liegt darin, dass – im Unterschied zur Gewerkschaft oder politischen Gruppierung – während der Besetzung oder in der Versammlung des Betriebes unter Arbeiterkontrolle alle Arbeiter*innen zusammenkommen (Interview Ruggeri, 15.1.2015). Ganz ähnliche Feststellungen finden sich schon bei den deutschen und österreichischen Rätekommunist*innen zu Beginn des 20. Jahrhunderts, die anmerkten, dass die Parteizugehörigkeit in der allgemeinen Arbeiter*innenversammlung im Betrieb keine Rolle mehr spiele, da alle Arbeiter*innen dort zusammenkommen.[21] Der italienische Aktivist

---

[20] Aktualisierte und überarbeitete Fassung von »Besetzen, Widerstand leisten, produzieren – Betriebsbesetzungen in Argentinien, Brasilien, Uruguay und Venezuela«, zuerst erschienen im JEP (Journal für Entwicklungspolitik), Band 31, Nummer 2, 2015; doi.org/10.20446/JEP-2414-3197-31-2-79.

[21] Tatsächlich war der politisch-ideologische Zugriff der Parteien auf die Arbeiter*innen in den Räten aber doch ziemlich groß, wie die Rä-

und Philosoph Antonio Gramsci wiederum traf aufgrund seiner Erfahrung mit den Betriebsbesetzungen und Räten in Turin (Ende 1919 waren in Turin nahezu alle Fabriken von Arbeiter*innen besetzt und 120.000 Arbeiter*innen in Räten organisiert, die die Fortführung der Produktion organisierten) die Feststellung, dass, während Partei oder Gewerkschaft nur gewisse Klassenfraktionen vereinten, der Fabrikrat eine »gesellschaftliche, eine Klasseninstitution« sei. »Die Berechtigung des Fabrikrats liegt in der Arbeit, in der industriellen Produktion, in einem dauerhaften Zustand und nicht bloß im Lohn, in der Klasseneinteilung – einem vorübergehenden Zustand, der ja gerade abgeschafft werden soll. Deshalb verwirklicht der Rat die Einheit der Arbeiterklasse.« (Gramsci 1967: 42)

Die Finanzkrise Argentiniens 2000/01, die sich schnell in eine ökonomische, soziale und politische Krise verwandelte, stellte den Startschuss für die – mit Höhen und Tiefen – bis heute anhaltende Welle von Betriebsbesetzungen zur Produktion in Arbeiter*innenselbstverwaltung dar (Ruggeri et al. 2014). Die Krise erfasste auch die stark mit Argentinien verknüpfte Wirtschaft Uruguays und führte dort ebenfalls zu Betriebsbesetzungen (Rieiro 2015). Brasilien war in geringerem Maße von der Krise betroffen, aber auch dort kam es zu Besetzungen (Chedid et al. 2013; Sardá/Novaes 2012). Venezuela war hingegen in den gleichen Jahren nicht so sehr von einer direkten Wirtschaftskrise betroffen, sondern vielmehr von den wirtschaftlichen Folgen einer politischen Krise. Nationale und transnationale Unternehmen zogen massiv Kapital ab und schlossen Betriebsstätten, da sie die von der 1999 ins Amt gekommenen Regierung Hugo Chávez erlassenen Ressourcen-, Steuer-, Arbeits- und Sozialpolitiken nicht akzeptieren wollten und mittels ökonomischen Drucks die Regierung zu stürzen versuchten. Im Rahmen der sozial und politisch polarisierten gesellschaftlichen Auseinandersetzung kam

---

tetheoretiker*innen im Nachhinein feststellen mussten (Korsch 1974). Dies führte einerseits zu Konflikten zwischen Räten und Parteien und andererseits auch zur faktischen Selbstentmachtung der Räte in Deutschland auf Stimmanweisung der Sozialdemokratie an ihre Basis.

es auch in Venezuela zu zahlreichen Betriebsbesetzungen durch Arbeiter*innen und zu Enteignungen seitens der Regierung (Azzellini 2010; 2012b).

Zu der aktuellen Krise seit 2008 und den Krisenfolgen lassen sich für die hier untersuchten Länder keine verallgemeinernden Aussagen treffen. Die genannten Länder waren von der Krise 2008 zunächst kaum oder gar nicht betroffen und sind in der Folge im unterschiedlichen Maß von verschiedenen Krisenfaktoren heimgesucht worden. Mit einigen Jahren Verzögerung geriet aber seit etwa 2010/11 auch Argentinien spürbar in die Krise und Brasilien seit 2013, während Venezuela zwar durchgehend seit 2000 Betriebsschließungen infolge der politischen Klassenauseinandersetzungen verzeichnete, aber erst mit dem starken Verfall der Erdölpreise seit der zweiten Hälfte 2014 in eine schwere Wirtschaftskrise kam. Allgemein kann dennoch festgestellt werden, dass die Betriebsbesetzungen eine Konsequenz der strukturellen Krise des Kapitalismus (generell der Widerspruch Arbeit – Kapital und aktuell v.a. die strukturelle Überakkumulation des Kapitals, die fortschreitende Entwertung der Arbeit und die Dominanz des Finanzkapitals) sind. In Uruguay hingegen ist die Wirtschaft mittlerweile stark auf agro-industrielle Exporte und den Umbau in einen Finanz- und Dienstleistungsstandort fokussiert, sodass die internationale Krise bis Anfang 2015 nicht zu umfangreicheren Betriebsschließungen geführt hat.

Dennoch kann in allen vier Ländern eine Bewegung von RBA beobachtet werden. Die Übernahme von Betrieben in Arbeiter*innenselbstverwaltung ist historisch nicht neu. Dies ist seit der Pariser Kommune und vor allem seit Beginn des 20. Jahrhunderts in unterschiedlichsten Krisen und Umbrüchen der Fall gewesen (Azzellini/Ness 2012; Azzellini [Hrsg.] 2015; Mandel [Hrsg.] 1971).

Während sich jedoch die meisten Besetzungen und Übernahmen in Selbstverwaltung der vergangenen 100 Jahre im Rahmen von Offensiven der Arbeiter*innenklasse und revolutionärer Kräfte abspielten, fanden die Besetzungen der vergangenen anderthalb Jahrzehnte aus einer defensiven Situation heraus statt. Was Ruggeri für den argentinischen Fall feststellt, trifft mit graduellen Unterschieden auf den Rest Lateinamerikas zu (und im Rahmen der aktuellen Krise auch auf Europa, siehe Azzellini 2015): »Wir können als besondere Charakteristik die Entwicklung von Prozessen der Arbeiterselbstverwaltung unter sehr schwierigen und rein defensiven Bedingungen feststellen sowie den Widerstand gegen den Verlust der Arbeitsplätze in einem Kontext allgemeiner Krise, ohne bedeutende Unterstützung oder Linderung von Seiten von Parteien, Gewerkschaften oder staatlicher Programme. Es handelt sich um Prozesse der Selbstverwaltung, welche zu Beginn nicht aus revolutionärem oder antikapitalistischem Willen entstehen, sondern aus der Situation der Not und Verlassenheit, in der sich die Arbeiter befanden.« (Ruggeri 2014b: 15)

Im Rahmen einer strukturellen Krise des Kapitalismus und eingebettet in eine Krise der traditionellen Gewerkschaftsbewegung, die der rasanten Entrechtung und Verelendung von Arbeit kaum etwas entgegenzusetzen hat, ergreifen Arbeiter*innen die Initiative in einer Situation der Niederlage. Es handelt sich um genuine und selbstorganisierte Arbeitskämpfe, mit denen die Arbeiter*innen Neuland betreten. Sie verfügen persönlich nicht über vorangehende Erfahrungen im Kampf um die Übernahme der Produktionsstätte und in der Unternehmensorganisation, auf die sie sich stützen könnten. Sie haben nie zuvor daran gedacht, ihren Betrieb zu besetzen, um unter Arbeiter*innenkontrolle zu produzieren.

Die Ausgangsbedingungen für RBA sind denkbar schlecht. In der Regel haben die Produktionsbetriebe einen überalterten und schadensanfälligen Maschinenpark. Häufig hat der Eigentümer in der Zeit vor der Schließung Maschinen verkauft oder verlegt. Von Arbeiter*innen selbstverwaltete Betriebe verfügen über weniger (oder gar kein) Kapital als privatkapitalistische Betriebe und haben auch weniger oder keinen Zugang dazu. Häufig bleiben Zulieferer und Vertriebsnetze der Betriebe nicht erhalten, und nicht selten bestehen bei diesen noch Schulden vom Alteigentümer, die die Unternehmen beglichen sehen wollen, bevor sie wieder liefern. In den RBA sind es meist die älteren Arbeiter*innen, die dableiben, während jüngere und besser qualifizierte das Unternehmen verlassen, da sie sich woanders eine bessere Zukunft erhoffen (Azzellini 2012b; CDER 2014; Chedid et al. 2013: 87, 94, 145; Interview Martí, 3.2.2015; Sardá/Novaes 2012). Schließlich müssen die von Arbeiter*innen geführten Betriebe auf dem kapitalistischen Markt mit in- und ausländischen Unternehmen konkurrieren. Im Kapitalismus einen Betrieb aufzubauen, der nicht strikt der Logik des Kapitalismus folgt, demokratische Entscheidungsstrukturen hat und angemessene Arbeitsbedingungen, Löhne und Sozialleistungen bietet, ist außerordentlich schwierig. Entgegen der allgemein weitverbreiteten Annahme, RBA bzw. generell von Arbeiter*innen übernommene Betriebe seien häufiger von der Schließung betroffen als privatkapitalistische Betriebe, hat eine Untersuchung in Argentinien gezeigt, dass RBA eine durchschnittlich längere Lebensdauer als gewöhnliche kapitalistische Privatunternehmen haben. So stellte das CDER fest, dass von 205 RBA, die 2010 untersucht worden waren, bis Ende 2013 nur sechs ihre Pforten schlossen (CDER 2014: 13).

Nahezu alle besetzten Betriebe, seien es jene in den hier benannten Ländern Südamerikas oder in anderen Ländern auf anderen Kontinenten, nehmen die juristische Form von Genossenschaften an (außer Venezuela, s.u.). Dies passiert, obwohl viele Arbeiter*innen gegenüber traditionellen Genossenschaften Misstrauen hegen, da die gesetzlich vorgesehenen Regelungen keine horizontale demokratische Selbstverwaltung aller Arbeiter*innen garantieren und zudem in den meisten Ländern Negativerfahrungen mit Scheingenossenschaften bestehen (Azzellini 2012a; Interview Ruggeri, 11.2.2015). Die RBA werden zu Genossenschaften, weil keine andere legale Form kollektiver Unternehmensführung existiert. Daher ist es notwendig, zwischen Genossenschaften und den RBA zu unterscheiden.

Im Falle der RBA findet ein Prozess statt, der hierarchisch-kapitalistisch organisierte Betriebe (Produktion oder Dienstleistungen), deren primäres Ziel es ist, den aus der Ausbeutung von Lohnarbeit erzielten Mehrwert zu steigern und abzuschöpfen, in demokratisch selbstverwaltete Betriebe verwandelt. Zugleich findet auch eine Umwandlung des Privateigentums an Produktionsmitteln in kollektives Eigentum an Produktionsmitteln statt. Die Form, in der dieser Prozess abläuft, stellt auch das Privateigentum an Produktionsmitteln infrage. Dieser Vorgang ist in Genossenschaften nur selten der Fall.

Die RBA entstehen aus dem Widerspruch zwischen Kapital und Arbeit, aus einer Situation des Arbeitskampfes und nicht wie Genossenschaften oder Initiativen der Solidarökonomie aus einem subjektiven Willensakt. Die Umstände und Konsequenzen sind gänzlich andere: Die Arbeiter*innen entwickeln mit den RBA eine kollektive Antwort auf den Angriff des Kapitals und tun dies ausgehend von ihrer Arbeit, ihrer Arbeitsstätte und durch einen Akt, der ihre Identität als Arbeiter*innen reaffirmiert und zugleich deutlich macht, dass eine andere Art zu arbeiten möglich ist. Durch diese Erfahrung der Konfliktivität und des Klassenkampfes ist der Widerspruch zwischen Kapital und Arbeit eine zentrale Säule, und so reaffirmiert sich die Identität der Arbeiter*innen als Arbeiter*innen ohne Chef (Ruggeri 2014b: 16).

Zu Beginn lehnten die meisten traditionellen Gewerkschaften Betriebsbesetzungen zur Übernahme unter Selbstverwaltung ab oder reagierten schlichtweg nicht auf die Besetzungen. Gewerkschaften vertreten aus ihrer Logik heraus Lohnempfänger*innen gegenüber »Arbeitgeber*innen«. Sie verstehen sich als Vermittlung zwischen Arbeit und Kapital. Sie agieren selten in Konflikten außerhalb des legalen Konfliktlösungsrahmens, denn sie sind auf die offizielle und legale Anerkennung ihrer Vermittlungsrolle angewiesen. Gewerkschaften engagieren sich selten in Konflikten, die keinen anerkannten Abschluss unter ihrer Vermittlungsrolle garantieren. Im Falle von Besetzungen, um Betriebe vor der endgültigen Schließung zu retten und in Selbstverwaltung weiterzuführen, handelt es sich nach der traditionellen Logik von Gewerkschaften um bereits verlorene Schlachten, in denen ein allseits anerkanntes Ergebnis infolge der gewerkschaftlichen Vermittlung nicht garantiert ist. Es gibt zudem keine Lohnabhängigen mehr, und selbst ein positiver Ausgang würde die Arbeiter*innen aus der Lohnabhängigkeit und somit auch aus dem Kreis der traditionellen Gewerkschaftsklientel herausführen. Wie Lynd und Lynd feststellen: »Der Zweck von Gewerkschaften ist Arbeiter*innen zu helfen, ihre Arbeitskraft so vorteilhaft wie möglich zu verkaufen. Gewerkschaften werden immer für diesen Zweck gebraucht werden. Doch während Gewerkschaften notwendig sind, sind sie nicht ausreichend.« (Lynd/Lynd 2000: 1) Wie aber im Einzelnen beschrieben, haben im Laufe der Zeit einige Gewerkschaften in verschiedenen Ländern und Sektoren unterschiedlich auf die Betriebsbesetzungen mit dem Ziel der Selbstverwaltung reagiert und in diversen Fällen eine wichtige Unterstützungsrolle eingenommen.

Argentinien

Anfang 2018 existierten in Argentinien an die 400 Betriebe, die von Arbeiter*innen durch Besetzung vor der Schließung gerettet wurden und in Selbstverwaltung arbeiten (CDER 2014; Interview Ruggeri, 15.1.2015). Zwar hatte es in den 1990er Jahren bereits vereinzelt Besetzungen von Betriebsstätten durch Arbeiter*innen gegeben, doch die massiven Besetzungen begannen rund um die Krise von 2001/02. Damit kehrte der Kampf der Arbeiter*innen wieder in die Betriebe zurück. Das vorherige Jahrzehnt war dadurch charakterisiert, dass die Gewerkschaften Arbeitskämpfe weitgehend aufgegeben hatten und die Arbeiter*innen, die noch sichtbar kämpften, dies als Arbeitslose taten, ohne Gewerkschaften und außerhalb der Arbeitsstätten (die bekannten »Piqueteros«, die durch ihre Kampferfahrung eine herausragende Rolle im Aufstand von 2001/02 spielten) (Interview Ruggeri, 15.1.2015).

Zum Abschluss der Erhebung zu RBA 2010-2013 des Forschungszentrums CDER existierten in Argentinien landesweit 311 RBA, die 13.462 Arbeiter*innen beschäftigten. Davon wurden 63 seit März 2010 besetzt, davon 41 allein 2012 und 2013 (CDER 2014: 10-11). Im Jahr 2014 kamen erneut mindestens 20 bis 30 weitere RBA hinzu (Interview Ruggeri, 11.2.2015). Die Zahl hat sich somit erhöht, obwohl die aktuelle Krise bei Weitem nicht mit der Krise von 2001/02 vergleichbar ist. Die Regierung Kirchner stand den RBA auch nicht so feindlich gegenüber wie noch die Regierungen Anfang des Jahrtausends, als Besetzungen einen sofortigen Konflikt mit dem Staat bedeuteten (Interview Ruggeri, 11.2.2015). Allerdings wurde die Situation teilweise auch schwieriger. 2011 wurde das Konkursgesetz von 1995 reformiert. Dies war seit 2002 eine Forderung der Bewegung der RBA gewesen. Die Reform hatte allerdings nicht das erhoffte Resultat einer Verbesserung zugunsten der Arbeiter*innen. Die Institutionalisierung der Konfliktlösung führte zu einer Bürokratisierung und zur Verlangsamung der Prozesse. Die durchschnittliche Dauer der Besetzungen bis zur Konfliktlösung auf 335 Tage hat sich mit dem Gesetz nahezu verdoppelt. Das ist für die besetzenden Belegschaften sehr problematisch, denn meist muss der Kampf ohne ausreichende Einnahmen zur Absicherung aller Arbeiter*innen aufrechterhalten werden (CDER 2014: 25). Auch die Enteignungen von Betrieben, die zuvor von der Nationalversammlung entschieden wurden, nahmen stark ab, da ja nun das Gesetz alle Probleme lösen sollte (CDER 2014: 29).

Für die seit 2010 neu entstandenen RBA lässt sich feststellen, dass die metallverarbeitenden Betriebe, die in den Vorjahren die größte Gruppe bildeten, nur noch einen kleinen Teil ausmachen, sechs an der Zahl, dafür aber immer noch mit einem großen Anteil an Beschäftigten (27%). Im Gegenzug sind elf der neuen RBA Druckereien, die sich auch in der Vergangenheit als einer der kämpferischsten Sektoren hervorgetan hatten, und zehn Betriebe der Nahrungsmittel verarbeitenden Industrie (und fünf weitere der Fleischverarbeitung). Jeweils neun Betriebe sind Textilunternehmen und Betriebe im Restaurant- und Gaststättengewerbe (CDER 2014: 17f.). Vor allem das Auftauchen von RBA im Gaststättengewerbe ist unerwartet gewesen, da die Beschäftigten des Sektors traditionell über einen sehr niedrigen Politisierungs- und Organisationsgrad verfügen und Prekarisierung und Fluktuation der Arbeitskräfte hoch sind, was die Organisierung weiter erschwert. Die Besetzung und Verwandlung in RBA der zur Unternehmensgruppe Organización Jorge Andino (OJA) gehörenden fünf Restaurants Alé Alé, Mangiata, La Soleada, Don Battaglia und Los Chanchitos in Buenos Aires 2013 inspirierte auch weitere Besetzungen, wie etwa die der beiden Fast-Food-Lokale Nac&Pop Ende 2014 (Interview Emanuel M., 16.2.2015).

Nac&Pop (Abkürzung für »National und Popular«) war eine Kette mit zwölf Geschäften für argentinisches Fast Food in Buenos Aires. Der Besitzer verschuldete sich mit kriminellen Strukturen, reduzierte auf sieben Niederlassungen, die langsam heruntergewirtschaftet wurden, während die Lohnzahlungen verspätet waren und schließlich ausblieben. In zwei Niederlassungen begannen die Arbeiter*innen sich zu organisieren. Emanuel M. von Nac&Pop beim Kongress im Zentrum von Buenos Aires berichtet: »In den letzten anderthalb Jahren gab es viele Unregelmäßigkeiten wie verspäteter Lohn, ungerechtfertigte Entlassungen, oder Schikanen, um Mitarbeiter loszuwerden, wie der ständige Wechsel des Arbeitsortes. Dann haben wir noch gesehen, wie Läden geschlossen wurden. Also haben wir uns gesagt, wir müssen etwas unternehmen. Wir wussten aber nicht wie. Wir hatten keine vorhergehende Erfahrung, keine Beziehung zur Gewerkschaft, wir sind jung, die meisten sind Migrant*innen oder junge Leute mit Familie, Mütter, was es ganz schön schwer macht. Aber zugleich gab es den festen Willen, etwas zu unternehmen.« (Interview Emanuel M. 16.2.2015)

Die Arbeiter*innen wandten sich an das RBA-Restaurant Alé Alé. Als der Besitzer verschwand, besetzten die Arbeiter*innen am 22. September 2014 ihr Lokal. Seitdem werden *Choripan* und Hamburger in Selbstverwaltung gebraten. Eine weitere ehemalige Nac&Pop-Filiale hat sich ebenfalls als RBA konstituiert, drei Filialen wurden von einem vorherigen Mitbetreiber übernommen und zwei werden von Kreisen kontrolliert, denen der Ex-Besitzer Geld schuldete. Emanuel M. berichtet, sie seien zu Beginn der Besetzung von bewaffneten Männern bedroht und aufgefordert worden, die Besetzung zu beenden. Die Arbeiter*innen der Filiale waren Anfang 2015 dabei, eine Genossenschaft zu gründen, um den Fast-Food-Laden weiterhin basisdemokratisch über ihre Betriebsversammlung zu verwalten. Zu Beginn sei die Selbstverwaltung aufgrund der fehlenden Erfahrung sehr schwer gewesen: »Die Versammlung war das Werkzeug, das es uns erlaubt hat, einen Weg zu finden, unsere Sachen hinzubekommen, sie zu diskutieren und sie zu verwirklichen. Manchmal war es schwer, so viele interne Probleme und die Herausforderungen von außen zu kanalisieren. Es ist die Methode der Versammlung, die es uns ermöglicht hat, voranzukommen.« (Ebd.)

Die Besetzung von Betrieben zur Produktion in Selbstverwaltung ist in Argentinien in den vergangenen 15 Jahren zu einer konsolidierten und seit 2010 auch wieder expandierenden Praxis geworden. Bereits seit den 1950er Jahren hat es immer wieder Betriebe gegeben, die mittels Arbeitskämpfen in die Selbstverwaltung überführt wurden. Sie wurden jedoch schlicht zu weiteren Genossenschaften (CDER 2014: 9). Die zahlreichen Betriebsbesetzungen in den 1970er Jahren, darunter viele öffentliche Unternehmen, waren politisch motiviert. Sie zielten auf Arbeiter*innenkontrolle und das Garantieren von Produktion und Dienstleistungen und wurden repressiv zerschlagen (Scodeller 2012). Die RBA seit Anfang des Jahrtausends haben hingegen eine sichtbare eigene Bewegung gebildet, eine Kampfpraxis und eine materielle Alternative im kollektiven Erfahrungsschatz der argentinischen Arbeiter*innenbewegung verankert. Die RBA üben über die Grenzen Argentiniens hinaus Ausstrahlungskraft aus und haben Besetzungen und Bewegungen nicht nur in Lateinamerika, sondern im Rahmen der aktuellen Krise auch die Entstehung vereinzelter RBA in Italien, Frankreich, Griechenland und den USA inspiriert (Azzellini 2015).

In Argentinien ist die Verbindung mit den umliegenden Communitys und anderen popularen Bewegungen intensiv. Dies hat sich in den vergangenen 15 Jahren als eine der besten Garantien gegen Räumung erwiesen. Sowohl die Organisierung gemeinschaftlicher Aktivitäten in, mit und für die Nachbarschaft wie auch die Solidarität aus der Nachbarschaft ist groß. So berichtet z.B. der Arbeiter Manuel Albrech aus der am 4. Oktober 2015 in Buenos Aires besetzten Mühle Osiris: »Wir haben das eine oder andere Fest organisiert, wir veranstalten jeden Tag ein populares Grillen für die Nachbarschaft. [...] Es gibt zahlreiche politische Gruppierungen und viele Nachbarn, die uns unterstützen. Der Nachbar gleich gegenüber ist Bäcker, und er gibt uns jeden Tag Brot für das Grillen und er schenkt uns auch Croissants und Gebäck, die Nachbarn kommen vorbei und bringen uns Mate und Kekse und unterstützen uns im Kampf« (Interview Albrech, 18.2.2015).

Die RBA werden auch von zahlreichen Forscher*innen unterstützt, so etwa von dem Programm Facultad Abierta (Offene Fakultät) der Universität von Buenos Aires, das Andrés Ruggeri leitet und in dem nahezu 20 engagierte Forscher*innen vorwiegend unbezahlt RBA erforschen und unterstützen. Bereits 2004 wurde in diesem Rahmen das Dokumentationszentrum für Rückeroberte Unternehmen (CDER) in der Druckerei Chilavert, einem kämpferischen RBA in Buenos Aires, eröffnet. Die Offene Fakultät bietet zudem Kurse zu RBA an der Universität an und Schulungen für RBA zu verschiedenen Themen. Es wird zu RBA geforscht und veröffentlicht. Auch die alle zwei Jahre stattfindenden lateinamerikanischen und weltweiten »Treffen einer Ökonomie der Arbeiter und Arbeiterinnen« gehen auf die Initiative der Offenen Fakultät zurück.

Wie Ruggeri verdeutlicht, wird kein Unternehmen nur aus eigener Kraft rückerobert: »Die Bewegung ist das, was sie ist, weil sehr viel Aktivismus und Militanz darin involviert ist, der dafür gesorgt hat, dass die Fabriken bekannt wurden und die Information verbreiteten. [...] Diese Bewegung ist nicht sehr strukturiert und auch nicht sehr organisiert, es sind viele verschiedene Gruppen, die Unterstützung geleistet haben, die auf die eine oder andere Weise mit RBA zusammenarbeiten. Diese Bewegung ist sehr breit, sehr mächtig, sie verändert den Sinn des Unternehmens. Würden die Arbeiter den Betrieb alleine wieder zum Laufen bringen, wenn sie ihn in eine Genossenschaft verwandeln, kann der interne Prozess noch so radikal sein, wenn es weiterhin ein Unternehmen ist, das nur eine ökonomische Aktivität hat, würde es nicht das Transformationspotenzial haben, das es mit diesem ganzen Netzwerk hat, das die Bewegung umgibt.« (Interview Ruggeri, 15.1.2015)

Die Reaktion der Gewerkschaften lässt sich hingegen grob in drei Kategorien einteilen. Die meisten Gewerkschaften ignorierten zu Beginn die Besetzungen geschlossener Betriebe völlig oder lehnten die Selbstverwaltung sogar ab. In ihrem traditionellen Gewerkschaftsverständnis sahen sie aufgrund der Schließung der Betriebe keine Rolle mehr für sich. Einige dieser Gewerkschaften kamen nicht umhin, mit der Zeit die Existenz der RBA anzuerkennen und reagieren mittlerweile mit verhaltener Unterstützung in Form von materieller Direkthilfe und der Entsendung von Anwälten. Gerade Letzteres stellt häufig aber eher ein Problem dar. Die Gewerkschaftsanwälte haben keinen Begriff von der politischen Dimension des Kampfes, sondern heben die Auseinandersetzung aufgrund ihrer institutionalisierten Erfahrung auf die rein juristische Ebene, was die Kämpfe schwächt (siehe ebd.).

Eine zweite Kategorie Gewerkschaften stellt sich gegen den Kampf der Arbeiter*innen. Diese reicht von mafiösen Gewerkschaften oder Gewerkschafter*innen, die in Konflikte intervenieren, um sich zu bereichern, bis zu wirtschaftsfreundlichen gelben Gewerkschaften, die im Unternehmer*nneninteresse handeln (Interview Ruggeri, 11.2.2015). So berichten auch knapp ein Fünftel der 2010 bis 2013 entstandenen RBA, die Gewerkschaftsdelegierte im Betrieb hatten, dass diese offen oder versteckt mit der Unternehmensleitung zusammengearbeitet hätten (CDER 2014: 52).

Eine volle Unterstützung der Besetzungen und RBA ist auf lokale Ausnahmen beschränkt, aber dennoch von Bedeutung. Der erste RBA nach 2000 war ein Metallbetrieb in Quilmes, dessen Kampf von der lokalen Sektion der Metallarbeiter*innengewerkschaft UOM (Unión Obrera Metalúrgica) initiiert wurde, während die nationale Leitung der UOM Betriebsbesetzungen ignorierte. Ein derartiges gewerkschaftliches Engagement zeigte sich noch in der UOM Matanza und in der Handelsgewerkschaft von Rosario. Darüber hinaus ist noch die Drucker*innengewerkschaft von Buenos Aires (Federación Gráfica Bonaerense) hervorzuheben, die ab 2003/04 RBA massiv unterstützte, sodass im Druckgewerbe RBA weit verbreitet sind. Die UOM Quilmes gehörte zum Gründungskern der MNER (Nationale Bewegung Rückeroberter Unternehmen), einer der beiden existierenden Organisationen von RBA in Argentinien. Die zweite ist die MNFRT (Nationale Bewegung der von Arbeitern Rückeroberten Fabriken).

Uruguay

Uruguay, dessen Wirtschaft stark mit der des wesentlich größeren Nachbarn Argentinien verflochten ist, wohin auch lange Zeit ein Großteil der uruguayischen Exporte ging, wurde von der Krise Argentiniens mitgerissen. 2002 schlossen 35-40% aller Unternehmen des Landes ihre Pforten. Seitdem sind etwas mehr als 20 unterschiedliche RBA entstanden: Gerbereien, Druckereien, eine Mühle, Fabriken für Kunststoff-, Glas-, Textil- und Metallverarbeitung sowie zur Produktion von Nudeln und von Keramik. Nahezu alle sind Genossenschaften (Rieiro 2015: 273-274).

RBA existieren in Uruguay seit den 1950er Jahren, sie nahmen die Form der Arbeiter*innengenossenschaft an, die in Uruguay auf eine solide Geschichte verweisen kann. Die Besetzungen seit 2002 wurden dadurch begünstigt, ebenso spielte aber auch das argentinische Beispiel eine inspirierende Rolle (Interview Martí, 3.2.2015). Dennoch blieb die Bewegung in Uruguay weit weniger öffentlich wahrnehmbar als die in Argentinien. Rieiro führt das auf eine Reihe von Gründen zurück. In Uruguay herrscht ein stark reformistisches Staats- und Gesellschaftsverständnis, das auf die institutionelle Kanalisierung gesellschaftlicher Konflikte setzt. So war in vielen Fällen nicht einmal die Besetzung der Unternehmen notwendig, dies geschah nur in Ausnahmefällen, in denen alle Verhandlungskanäle erschöpft waren. In Uruguay kam es nicht zu gewaltsamen Räumungen oder Konfrontationen mit der Polizei. Und ebenfalls im Gegensatz zu Argentinien stießen die RBA nicht auf das Desinteresse oder den Widerstand der Gewerkschaften. Diese Elemente hatten unter anderem in Argentinien für eine größere öffentliche Verbreitung der Konflikte und die Entstehung einer breiten Solidaritätsbewegung gesorgt. Zudem verwandelte sich die ökonomische Krise in Uruguay nicht in eine offen politische Krise, die zu einer Delegitimation der Institutionen führte (Rieiro 2015: 286-287).

Eine staatliche Unterstützung für RBA setzte bereits 2003/04 ein, noch vor der ersten Links-Regierung der Frente Amplio (FA). Die Unterstützung nahm mit der FA-Regierung ab 2005 zu. Vor allem Pepe Mujica, Präsident der zweiten FA-Regierung

2010 bis 2015, engagierte sich für die Unterstützung von RBA und selbstverwalteten Betrieben. 2011 wurde der Nationale Entwicklungsfonds Fondes gegründet, aus dem RBA günstige Kredite erhalten. Der Fonds wird aus einem Teil der Gewinne der Staatsbank Banco República genährt. Zuletzt standen den RBA über den Fondes jährlich etwa 60 bis 70 Millionen US$ Kredite zur Verfügung. 2012 erhielt z.b. der RBA Envidrio einen Kredit über 5,5 Millionen US$ als Zuschuss für den Bau einer zusätzlichen Produktionsanlage. Der Glasbehälterhersteller Envidrio wurde 1999 von den Arbeiter*innen besetzt. Zum Zeitpunkt der Kreditbewilligung hatte Envidrio 125 Mitarbeiter*innen, deren Produktion den gesamten Landesbedarf an Flaschen und Gläsern abdeckt. Zusätzlich wird nach Argentinien und Paraguay exportiert. 3,5 Millionen US$ gingen an den Reifen- und Gummihandschuhhersteller Funsa. Als einziger RBA Uruguays hatte Funsa einen Großinvestor als Teilhaber, der Kredit diente dazu, den Betrieb komplett in Arbeiter*innenselbstverwaltung zu überführen. (El Observador, 9.10.2012; Interview Martí, 3.2.2015)

Die Unterstützung mit günstigen Krediten und andere Beihilfen hat es den RBA in Uruguay relativ rasch ermöglicht, Produktionsanlagen zu kaufen. Allerdings mussten die Arbeiter*innen in den meisten Fällen auch auf ihnen zustehende Löhne und Abfindungen verzichten bzw. diese in den Betrieb investieren (Rieiro 2015: 278). Angesichts der Ankündigung des im März 2015 ins Amt gekommenen neuen Präsidenten Tabaré Vázquez (der bereits die erste Linksregierung anführte), den Fondes auch für kleinere und mittlere Privatbetriebe zu öffnen, herrscht unter den RBA und Arbeiter*innengenossenschaften Sorge.

Im Unterschied zu Argentinien unterstützen in Uruguay die Gewerkschaften RBA. Der große linke Gewerkschaftsdachverband PIT-CNT (*Plenario Intersindical de Trabajadores – Convención Nacional de Trabajadores*) vereinigt etwa 200 Gewerkschaften mit ca. 900.000 Mitgliedern. Die Koordination Rückeroberter Betriebe entstand in der Industriesektion des PIT-CNT und verwandelte sich 2007 in die eigenständige Nationale Vereinigung der durch ihre Arbeiter*innen wieder in Betrieb genommenen Unternehmen (ANERT) (Rieiro 2015: 288). Die Annäherung zwischen Gewerkschaften und RBA und Arbeiter*innengenossenschaften geht in Uruguay lange zurück. Die 1962 gegründete Föderation der Produktionsgenossenschaften beschloss bereits 1964, alle Genossenschaftsmitglieder müssten zugleich Gewerkschaftsmitglieder sein (Interview Martí, 3.2.2015). Von der Ablehnung von RBA gingen die Gewerkschaften im Laufe der Jahrzehnte zu einer Tolerierung und Koexistenz und seit Ende der 1990er zu einer Unterstützung über. Dies entspricht durchaus dem Geist der Arbeiter*innenbasis in Uruguay, die sich insgesamt als arbeitende Klasse versteht. In der Gewerkschaftsführung hingegen, vermutet der Forscher Martí, könnte die Offenheit gegenüber den RBA darauf zurückzuführen sein, dass sie befürchtete, die RBA könnten eine ganz eigene Organisation gründen, die sich vollständig dem gewerkschaftlichen Zugriff entziehen könnte (Interview Martí, 3.2.2015).

Im Laufe der Zeit sind auch Arbeiter*innengenossenschaften aus der PIT-CNT heraus entstanden, so z.B. der Metallbetrieb Profuncoop, der 2004 aus einer lokalen Arbeitslosengruppe der PIT-CNT gegründet wurde und Lampen für die öffentliche Straßenbeleuchtung produzierte. Anfang 2015 wartete der Betrieb auf die Bewilligung eines Kredits, um den Standort zu wechseln und mit moderneren, gebraucht gekauften Maschinen die Produktion wieder aufzunehmen (Interview Fuentes, 6.2.2015). In den RBA herrscht Klassensolidarität. So berichtet Ramón Martínez von der Gerberei Uruven, wenn ein Streik im Gerbereisektor ausgerufen werde, würden auch sie die Produktion einstellen. Nach fast zwei Jahrzehnten Kampf, unterschiedlichen Betriebsstätten und der Übernahme outgesourcter Auftragsproduktion, begann Uruven Anfang 2015 in einer eigenen Betriebsstätte auf eigene Rechnung zu produzieren (Interview Martínez, 5.2.2015).

Die RBA haben in Uruguay trotz aller Schwierigkeiten ihre Position konsolidieren können. Sie haben nicht nur Arbeitsplätze erhalten und die Produktion in demokratische Selbstverwaltung überführt, sondern eine eigene Struktur gegründet, einen Raum in der Gewerkschaft erobert, neue Allianzen geschmiedet und eine zentrale Rolle für die Erneuerung der Kampfpraxen und Debatten um Arbeit und Selbstverwaltung gespielt (Interview Guerra, 3.2.2015; Interview Martí, 3.2.2015; Rieiro 2015: 290). Auch wenn es seit einigen Jahren keine neuen RBA gegeben hat, wurde die Vorstellungswelt uruguayischer Arbeiter*innen durch die RBA stark beeinflusst. So haben z.B. 250 ehemalige Angestellte der uruguayischen Traditionsfluggesellschaft PLUNA (Primera Línea Uruguaya de Navegación Aérea) nach der Liquidierung der Fluggesellschaft 2012 unmittelbar eine neue Fluggesellschaft unter Kontrolle der Beschäftigten gegründet (Alas Uruguay). PLUNA, in den 1930er Jahren gegründet, war zuletzt teilstaatlich und teilprivat. Nach der Pleite des privaten Teilhabers Varig 2005 übernahm der Staat wieder 98% der Anteile und leitete ab 2007 einen erneuten Privatisierungsprozess ein. Nachdem PLUNA weiterhin Verluste einfuhr, liquidierte die Regierung die Gesellschaft im Juni 2012 (Alas Uruguay 2014, 2015; Interview Carugo Luzardo 3.3.2015).

Alas Uruguay erhielt im März und Juni 2015 die ersten beiden von drei Boeing 737. Mit zehn Millionen US-Dollar Kredit von Fondes wurde im Januar 2016 mit drei Leasing-Maschinen der Flugverkehr wieder aufgenommen. Bedient wurden Verbindungen von Montevideo und Punta del Este nach Asuncion und Buenos Aires. Letztlich erging es aber Alas Uruguay auch nicht besser als PLUNA. Wegen finanzieller Schwierigkeiten aufgrund geringer Auslastung der Flüge und der Weigerung von Fondes, einen weiteren Kredit über fünf Millionen US-Dollar zu gewähren, musste Alas Uruguay Mitte 2016 eine der geleasten Maschinen wieder zurückgeben und Ende 2016 nach etwa 1.100 Flügen den Flugverkehr wieder einstellen. Zunächst nur vorläufig für 60 Tage. Der Flugbetrieb wurde jedoch nicht wieder aufgenommen. Versuche, das Unternehmen zu verkaufen, das noch Genehmigungen für die Flugstrecken, ausgebildetes Personal und Infrastruktur besaß, scheiterten. Ende 2017 erreichte FONDES, dass Alas Uruguay für bankrott erklärt wurde. Der staatliche Fonds erhofft sich eine Teilrückzahlung des Kredits aus der Veräußerung des Firmenvermögens.

Brasilien

Zum Zeitpunkt der letzten Erhebung 2010/11 existierten in Brasilien 69 RBA mit fast 12.000 Beschäftigten (Chedid et al. 2013: 34, 40), davon alleine 4.000 Arbeiter*innen des RBA Catende Harmonia, der im große Stil Zuckerrohr anbaut und Zucker und Alkohol produziert (Sardá/Novaes 2012: 514-518). Die RBA sind in den Industrieregionen Brasiliens konzentriert. 55% befinden sich im Südosten und 32% im Süden des Landes. RBA finden sich vorwiegend in den Sektoren Metall (45%), Textilien (16%), Lebensmittel (13%) und Chemie (10%) (Chedid et al. 2013: 40). Die Erfahrungen mit Betriebsbesetzungen und der Wiederinbetriebnahme durch Arbeiter*innen sind in Brasilien erstmals in den 1980er Jahren zu beobachten. Die isolierten Fälle, meist Familienunternehmen, weiteten sich in den 1990er Jahren weiter aus. Von den heute existierenden RBA entstanden 21 in den Jahren 1995 bis 1999 und 20 in den Jahren 2000 bis 2004. Seit 2008 sind nur wenige neue RBA entstanden (ebd.: 51).

Die erste nationale RBA-Organisation, die *Nationale Vereinigung von Arbeitern und Betrieben in Selbstverwaltung*, ANTEAG, entstand bereits in den frühen 1990er Jahren. 1999 wurde in São Paulo auf Initiative der lokalen Sektionen der Metall- und der Chemiegewerkschaft sowie mit Unterstützung des Gewerkschaftsverbandes CUT die *Vereinigung für Genossenschaften und Solidarökonomie* UNISOL (Einigkeit und Solidarität) São Paulo gegründet und 2004 auf ganz Brasilien ausgeweitet. Heute gehören der UNISOL etwa 280 Genossenschaften und Vereinigungen an, davon 25 RBA. Während diese beiden großen Vereinigungen stark mit dem Genossenschaftswesen und der Solidarökonomie verwoben sind, entstand 2002 die kleinere *Bewegung Besetzter Fabriken* (MFO), die eine Verstaatlichung unter Arbeiter*innenkontrolle fordert und eine Umwandlung in Genossenschaften ablehnt (ebd.: 37).

In den Gewerkschaften Brasiliens bestanden zunächst große Widerstände gegen eine Unterstützung der RBA. Dies änderte sich erst in der zweiten Hälfte der 1990er Jahre durch den zunehmenden Druck aus der Basis und der RBA selbst. Seitdem übernehmen Gewerkschaften häufig eine tragende Rolle in den verschiedenen Etappen des Kampfes der RBA. Sie organisieren die Arbeiter*innen, stellen die Möglichkeiten vor, das Unternehmen offenzuhalten und diskutieren diese, sie verhandeln mit den ehemaligen Eigentümern und engagieren sich bei der Suche nach Finanzmitteln aus öffentlicher und privater Hand. In einigen Fällen sind Gewerkschafter*innen auch als Mitverwalter*innen in die Verwaltung der Unternehmen einbezogen (ebd.: 36f.; Novaes/Sardá 2014: 79; Sardá/Novaes 2012: 507ff.).

Die hohe Anzahl von RBA im Südosten des Landes, vorwiegend im Metallsektor und vor allem in São Paulo, ist nicht nur dem Umstand geschuldet, dass Metallbetriebe besonders von der Krise betroffen waren, sondern auch der dortigen Metallgewerkschaft, die früh RBA unterstützte und auch initiierte. Als der Gewerkschaftsdachverband 1996/97 begann, intensiver über RBA zu debattieren, konnte ein Anstieg von neu entstehenden RBA beobachtet werden (Chedid et al. 2013: 42). 85% der RBA berichten, sie haben während des Kampfes um Wiederinbetriebnahme Unterstützung von Gewerkschaften erhalten, 53% von Universitäten, 48% von Regierungen oder Regierungsinstitutionen, 23% von anderen Betrieben und nur 18% von der Zivilgesellschaft. 32 von 44 dazu befragten RBA stehen nach wie vor in Verbindung mit der Gewerkschaft, 19 mit sozialen Bewegungen oder Parteien. Häufig spielten Gewerkschaften auch nach der Legalisierung der RBA eine wichtige Rolle. In einigen Fällen zog sich die Gewerkschaft aber auch wegen politischer, ideologischer und administrativer Divergenzen mit den Arbeiter*innen nach der Legalisierung völlig zurück (ebd.: 57, 160ff., 166). Die Verankerung der brasilianischen RBA in der Bevölkerung und die Verbindung zu sozialen Bewegungen sind schwächer als in Argentinien.

Diverse linke Stadt- und Regionalregierungen unterstützten bereits im Laufe der 1990er Jahre RBA. 2003 gründete die brasilianische Regierung unter Lula das Nationale Sekretariat für Solidarökonomie (SENAES), das dem Ministerium für Arbeit und Beschäftigung zugeordnet ist (Novaes/Sardá 2014: 81). Dies verdeutlichte allerdings auch den Blick der Regierung auf die RBA und die Selbstverwaltung: Sie wurden nicht als gesellschaftliche Alternative gesehen, sondern als Teil der Beschäftigungspolitiken. Die staatliche Unterstützung wird von 55% der RBA als schlecht und von weiteren 15% als unbefriedigend beschrieben. Als Motive werden fehlende Unterstützung, zu hohe Besteuerung, Schwierigkeiten, Kredite zu bekommen und andere Gründe genannt (Chedid et al. 2013: 118-189).

Die seit 2008 zu beobachtende deutliche Abnahme neuer RBA kann wesentlich auf drei Ursachen zurückgeführt werden. Zum einen hat die Krise von 2008 Brasilien deutlich weniger hart getroffen als andere Weltregionen. 2008 hatte Brasilien eine der niedrigsten Arbeitslosenquoten seiner Geschichte (Interview Chedid, 6.3.2015). Zum zweiten befinden sich die Organisationen der RBA in der Krise. Den politischen Vorgaben der Regierung folgend, verloren sie die vorhergehende Fokussierung auf Beratung und Unterstützung von Arbeiter*innen in Konfliktsituationen, um sie in Kämpfen um die Selbstverwaltung ihres Betriebes zu unterstützen (Chedid et al. 2013: 25). Und schließlich reformierte die Lula-Regierung 2005 das Konkursgesetz, das nach Einschätzung diverser Forscher*innen die Besitzer juristisch begünstigt, wieder Kontrolle über ihre Unternehmen zu erlangen, und Arbeiter*innen entmutigt, eine Wiederinbetriebnahme anzugehen. Die Entstehung von neuen RBA sei durch die Gesetzesreform zumindest mittelfristig erschwert worden (ebd.: 25, 68f.; Interview Novaes 8.3.2015; Novaes/Sardá 2014: 81).

Die Zukunftsperspektiven werden aber als nicht so pessimistisch eingeschätzt. 2014 ist die Krise in Brasilien jedoch deutlich zu spüren. In der Automobilindustrie und angegliederten Produktionsunternehmen kam es zu Massenentlassungen und Betriebsschließungen. Das Interesse an Betriebsbesetzungen zur Übernahme in Selbstverwaltung wächst wieder in betroffenen Belegschaften. Im Dezember 2014 fand ein Treffen von 25 RBA aus der Metallgewerkschaft der Industrieregion um São Paulo statt, und dort waren auch Arbeiter*innen eines Metallbetriebs im Konkursverfahren anwesend, die Interesse bekundeten, ihren Betrieb zu besetzen und weiterzuführen. In Rio de Janeiro hat eine Gruppe Gewerkschafter*innen die Absicht verkündet, ein ehemaliges Thyssen-Krupp-Unternehmen in die eigenen Hände zu nehmen (Interview Chedid, 6.3.2015).

Im Gegensatz zu Argentinien hat in Brasilien nur eine Minderheit der RBA auch nach der Konsolidierung der Produktionstätigkeit in Selbstverwaltung ein umfangreiches Beziehungsnetz mit anderen sozialen Bewegungen oder Formen solidarischer Ökonomie aufrechterhalten. Nach Wiederinbetriebnahme des RBA ist eine graduelle Distanzierung von anderen Kämpfen und Bewegungen zu beobachten. Ähnlich wie in den konsolidierten Landbesetzungen der brasilianischen Landlosenbewegung MST überwiegt auch in den RBA das Interesse am schlichten Erhalt des Arbeitsplatzes und des Lohnes am Ende des Monats; der Diskurs konzentriert sich auf die ökonomische Realisierbarkeit der Tätigkeit (Chedid 2013: 24, Novaes/Sardá 2014: 80). Dies fällt zusammen mit einer eher schwachen Bewegung der RBA in Brasilien im Vergleich zu Beginn des Jahrtausends, einem defensiven historischen Kontext sowie einer »Theoriekrise der brasilianischen Linken und dem Fehlen von umfassenderen Kämpfen der Arbeiter in Richtung einer ›Gesellschaft jenseits des Kapitals‹« (Sardá/Novaes 2012: 504).

Eine stärkere Politisierung ist unter den Fabriken zu beobachten, die eine Verstaatlichung fordern. Einige wenige RBA lehnten die eigene Umwandlung in Genossenschaften ab, da sie dadurch ihre Rechte als Arbeiter*innen verlieren würden. Ihre Forderungen zielen auf eine Verstaatlichung unter Arbeiter*innenkontrolle ab. Finanziell soll der Wert des Unternehmens gegengerechnet werden gegen die Schulden, die die Eigentümer*innen mit dem Staat angesammelt haben. Die Ablehnung der Regierung hat allerdings dazu geführt, dass die meisten dieser Betriebe geräumt wurden. Die Kunststoffverpackungsmaterialfabrik Flaskô ist der einzige RBA, der sich nicht in eine Genossenschaft umgewandelt hat und 2015 immer noch unter Arbeiter*innenkontrolle produziert (ebd.).

Flaskô in der Stadt Sumaré im Bundesstaat São Paulo befindet sich seit Juni 2003 unter Arbeiter*innenkontrolle, nachdem die Eigentümer Produktion und Lohnzahlungen einstellten und die Arbeiter*innen der Flaskô daraufhin am 12. Juni 2003 beschlossen, ihren Betrieb zu besetzen. Sie zählten dabei auf die Unterstützung der ehemaligen Arbeiter*innen der Unternehmen CIPLA und Interfibras im Bundesstaat Santa Caterina, die den gleichen Besitzern gehörten und wie Flaskô geschlossen und von den Ex-Beschäftigten besetzt wurden. Die Flaskô-Arbeiter*innen beschlossen, die Produktion ohne Chef und Eigentümer*innen wieder aufzunehmen und dabei auch die Überwindung der Arbeitsteilung anzugehen, also nicht nur die Produktion in ihre Hände zu nehmen, sondern auch Verwaltung und Management. Flaskô hat aktuell 79 Beschäftigte. CIPLA und Interfibras wurden hingegen bereits 2007 gemäß juristischer Entscheidung geräumt. Alle drei Betriebe hatten eng zusammengearbeitet und gemeinsam die Bewegung Besetzter Fabriken gegründet (Chedid et al. 2013: 37, 244). Die Gerichte versuchten auch in Flaskô zu intervenieren, doch die damals 58 Arbeiter*innen warfen den bestellten Konkursverwalter im hohen Bogen aus der Fabrik, als dieser am 21. Juni 2007 versuchte, die Verwaltung zu übernehmen.

Anfang 2005 besetzten die Flaskô-Arbeiter*innen gemeinsam mit örtlichen Familien ein an die Fabrik angrenzendes Stück Land und bauten eine »Arbeiter- und Volkssiedlung« mit Wohnraum für 560 Familien. Eine angrenzende verlassene Lagerhalle wurde von Arbeiter*innen und Nachbarschaft ebenfalls besetzt und in eine »Sport- und Kulturfabrik« verwandelt, wo eine große Vielfalt von Gruppen regelmäßig Filmvorführungen, Theaterstücke, Fußball, Tanz, Judo-Kurse und andere Aktivitäten organisiert. Auch ein Community-Radio wurde dort eingerichtet. Im Februar 2010 begann Flaskô gemeinsam mit Gemeinden und Schulen aus der Region ein Recycling-Projekt: Plastikmüll wird gesammelt und von Flaskô als Ressource für die Produktion verwendet. Zum Anlass des zehnjährigen Jubiläums der Produktion unter Arbeiter*innenkontrolle Mitte Juni 2013 erklärten die Flaskô-Arbeiter*innen: »In den vergangenen zehn Jahren haben wir gezeigt, dass Produktion ohne private Aneignung des Reichtums eine effektive gesellschaftliche Funktion haben kann. Wir konnten die Aussicht des Kampfes aufzeigen, als der Betrieb geschlossen wurde. Soziale Errungenschaften wie die Verkürzung der Arbeitszeit [2008, Anm. d. Aut.] bei vollem Lohnausgleich, auf 30 Stunden in der Woche, sechs Stunden täglich, sind extrem wertvoll.« Seit Anfang 2015 diskutieren Flaskô und eine eigens dafür geschaffene Kommission der Zentralregierung über Möglichkeiten, den Betrieb aufgrund »gesellschaftlichen Interesses« vom Alteigentümer auf neue Eigentümer*innen zu übertragen. Die Forderung der Flaskô-Arbeiter*innen lautet, den Betrieb zu verstaatlichen und anschließend als öffentlichen Betrieb unter Arbeiter*innenkontrolle weiterzuführen (Flaskô 2015). Die Verstaatlichung ist nicht unumstritten unter den RBA und birgt einerseits auch Gefahren,[22] andererseits könnte sie für zukünftige RBA neue Perspektiven eröffnen, da die Arbeiter*innen nicht mehr gezwungen wären, persönliche finanzielle Haftung zu übernehmen, und sich die Kapitalsuche einfacher gestalten würde.

Venezuela

In Venezuela ist die Situation wiederum gänzlich anders und viel zu komplex, um hier umfassend dargestellt werden zu können. Daher erfolgt nur eine stark verkürzte Zusammenfassung der zentralen Merkmale.[23] Der Unternehmer*innenstreik zum Sturz der linken Regierung 2001/2002 und die damit zusammenhängende Schließung vieler Betriebe führten zu Dutzenden von Be-

---

[22] So z.B. Kooptation, Bürokratisierung der Vorgänge, Korruption, oder die Entsendung staatlich eingesetzter Leitung, die entweder fachlich ungeeignet ist und den politischen Interessen der zuständigen staatlichen Behörde entspricht oder politisch ungeeignet ist und eine traditionelle unternehmerische Herangehensweise pflegt. Aus beiden Situationen entstehen Produktionsprobleme und Konflikte im Unternehmen. Hinzu kommt die Gefahr, dass das Unternehmen bei Veränderung der Gesamtsituation oder der Regierung wieder geschlossen oder privatisiert werden kann. Siehe zu den Problemen, die aus der Verstaatlichung entstehen können Azzellini/Ness 2012; Azzellini (Hrsg.) 2015 und spezifisch für das Beispiel Venezuela Azzellini 2014; 2017a; 2017b.
[23] Für weitergehende Analysen zur Frage von RBA, Arbeiter*innenkontrolle und Selbstverwaltung siehe Azzellini 2010; 2012a; 2012b; 2014; 2017a; 2017b und Azzellini/Ressler 2006.

triebsbesetzungen. Ab 2005 begann die Regierung, in Reaktion auf die Mobilisierung von Arbeiter*innen und Communitys, geschlossene Betriebe zu enteignen (Azzellini 2010, 2012a, 2012b, Azzellini/Ressler 2006).

Seitdem sind durch gezieltes Desinvestment Tausende weiterer Betriebe geschlossen worden, und die Regierung hat Hunderte Betriebe verstaatlicht. Wie viele davon von Arbeiter*innen und Communitys (die Beziehung ist in Venezuela sehr eng) für die Wiederinbetriebnahme besetzt wurden, ist unbekannt. Zahlen zu Rückeroberten Betrieben existieren in Venezuela nicht. Die Praxis, bei Schließung oder bei Kapitalabzug und Unterproduktion den Betrieb zu besetzen und die Nationalisierung zu fordern, ist aber mittlerweile weitverbreitet (Azzellini 2010; 2012a; 2012b; Azzellini/Ressler 2006).

Seit 2007 spricht sich die Regierung offiziell für Arbeiter*innenkontrolle und seit 2010 auch für Räte aus (vor allem noch Hugo Chávez selbst). In der Praxis verhindern und sabotieren die meisten staatlichen Institutionen jedoch die Entstehung von Räten und die Umsetzung von Arbeiter*innenkontrolle. Gemäß den Verlautbarungen der Regierung sollten eigentlich alle nichtstrategischen staatlichen Unternehmen (vorhandene, rückeroberte und neu zu gründende) graduell in »direktes gesellschaftliches Eigentum« verwandelt werden, d.h. sie werden direkt von Arbeiter*innen und organisierten Communitys verwaltet. Tatsächlich trifft das aber nur auf einen Bruchteil der öffentlichen, staatlichen oder kommunalen Unternehmen zu, auch auf die wenigsten der von Arbeiter*innen rückeroberten und verstaatlichten Betriebe. Die Nationalisierungen haben die Konflikte nicht gelöst, sondern auf eine andere Ebene gehoben, die des Konfliktes mit dem Staat und den Institutionen. Die Frage der Arbeiter*innenkontrolle reicht weit über rückeroberte Betriebe hinaus, und die Kämpfe darum dehnen sich weiter aus. In nahezu allen staatlichen Betrieben und in einem Teil der Institutionen bestehen Konflikte um Arbeiter*innenkontrolle oder mehr Partizipation. Nach diversen Konferenzen und kleineren Koordinationen entstand 2010 die Bewegung für Arbeiter*innenkontrolle (Azzellini 2010; 2012a; 2012b; 2014).

In den vergangenen drei Jahren wurden auch diverse geschlossene Betriebe von Arbeiter*innen und den lokalen Selbstverwaltungsstrukturen der Comunas besetzt und wieder in Betrieb genommen. 2013 kam es zu zwei größeren Konflikten, in denen die Arbeiter*innen zweier staatlicher Industrien – Industrias Diana, größter Margarine- und Speiseölhersteller des Landes, und Lacteos los Andes, größter Milch-, Joghurt- und Saftproduzent – Abkommen zur gezielten Umsetzung der Arbeiter*innenkontrolle erreichten (Azzellini 2017a).

Einige Schlussfolgerungen

Die RBA erhalten nicht nur Arbeitsplätze und Produktion, sondern verwandeln den Betrieb in einen Ort demokratischer Entscheidungen. Es entstehen neuartige soziale Beziehungen und es verändert sich die Arbeitsweise. In der Untersuchung der brasilianischen RBA antworteten 71%, Arbeitsunfälle hätten mit der Selbstverwaltung abgenommen, während 29% angaben, keine Veränderung festgestellt zu haben (Chedid et al. 2013: 148). Trotz des Widerspruchs, dass sich die RBA im Rahmen der vorherrschenden kapitalistischen Produktionsweise entwickeln, vermitteln sie bedeutende Erkenntnisse und Erfahrungen für andere und zukünftige Arbeitskämpfe, gesellschaftliche Auseinandersetzungen und Transformationsperspektiven. Die Anzahl der RBA mag im Vergleich zur Gesamtheit existierender Betriebe verschwindend gering erscheinen, entsprechend ist auch ihr Anteil am BIP der jeweiligen Länder. Doch in der Situation der strukturellen Krise des Kapitals und gegenüber Gewerkschaften, die den Kampf um Umverteilung und strukturelle Veränderungen schon lange nicht mehr im Blick haben, zeigen die RBA, dass es auch ohne Chefs geht, und weisen einen Weg aus der Defensive der Arbeitskämpfe heraus.

Wie Victor Wallis richtig feststellt: »Es ist die Überwindung dieser Unterdrückung, die selbst so alt wie der Kapitalismus ist, welche das explosive Moment der Arbeiterkontrolle ausmacht. Arbeiterkontrolle zielt auf mehr als nur eine neue Art, die Produktion zu organisieren; sie ist auch ein großes Freilassen menschlicher kreativer Energie. In diesem Sinne ist sie an sich revolutionär.« (Wallis 2012: 21) In den RBA ist zu beobachten, wie die Arbeiter*innen neue Produkte erfinden, neue Formen der Organisation, neue Wege der Produktion und wie sie vor allem – was als zentral zu betrachten ist – neue und neuartige gesellschaftliche Produktionsverhältnisse und neue soziale Beziehungen aufbauen. Durch ihre Aktivitäten und ihre Organisationsformen stellen die RBA Privateigentum an Produktionsmitteln, den kapitalistischen Produktionsprozess, herkömmliche Hierarchien und die kapitalistische Arbeitsteilung infrage. Sie unterstützen andere Kämpfe, vor allem von anderen Arbeiter*innen in ähnlicher Situation, und sie bilden Netzwerke mit anderen Betrieben unter Arbeiter*innenkontrolle, mit Forschern aus Universitäten, mit anderen sozialen Bewegungen und mit den sie umgebenden Communitys.

Die Bemerkung von Anabel Riero zur Situation in Uruguay lässt sich auch auf andere Länder ausdehnen: Wenn in einem Unternehmen die Teilung zwischen Eigentümer*innen und Nicht-Eigentümer*innen fällt, dann tritt mit aller Wahrscheinlichkeit eines von zwei Phänomenen auf. Erstens, dass Arbeiter*innen autoritäre Rollen annehmen und damit die hierarchischen Klassenbeziehungen reproduzieren. Oder zweitens, dass die Arbeiter*innen nicht nur die Ausbeutungsverhältnisse hinterfragen, die der Trennung in Arbeiter*innen und Besitzer*innen innewohnen, sondern auch die eigentliche Norm, welche die Ausbeutung mittels einer Kultur naturalisierter Unterwerfung ermöglicht, wiederholt und rechtfertigt. Die Arbeiter*innen, die in der Lage sind, sich selbst als Teil eines kollektiven Unterfangens zu verstehen und zu definieren, das weder Bosse noch kapitalistische Beziehungen braucht, erzielen die Art von Autonomie, die die Grundlagen herausfordert, auf denen der Kapitalismus erbaut wurde, und damit also eigentlich seine Hegemonie (Rieiro 2015: 279).

Während in Argentinien und Venezuela die Besetzung von Betrieben, die Entstehung von RBA und, im besonderen Fall Venezuelas, die Kämpfe um Arbeiter*innenkontrolle seit Beginn des

Jahrtausends zum festen Repertoire vieler Arbeitskämpfe gehören und tendenziell eher zu- als abnehmen, sieht die Situation in Brasilien und Uruguay anders aus. Es wäre dennoch falsch, die RBA als Bewegung und Praxis dort abzuschreiben. Es existiert eine beträchtliche Anzahl von RBA, die sich halten. Die Option der Besetzung des Betriebs, um ihn in Selbstverwaltung fortzuführen, gehört auch hier zum kollektiven Erfahrungsschatz der Arbeiter*innenbewegung. In Brasilien lässt die aktuelle Krise das Interesse unter Arbeiter*innen an RBA wieder wachsen. Die Negativeinschätzung uruguayischer Forscher (Interview Guerra, 3.2.2015; Interview Martí, 3.2.2015) im Hinblick auf weitere RBA erscheint voreilig. Die jüngste Erfahrung Argentiniens hat gezeigt, wie RBA auch in ganz neuen Sektoren entstehen können.

In den Ländern und Fällen, in denen Gewerkschaften in Kämpfen um RBA Unterstützung leisten, war diese häufig bedeutend. Initiativ und entscheidend ist aber nahezu immer die Selbstorganisation der Arbeiter*innen gewesen. Ihre autonome Organisierung in den Betrieben kann viel schneller und machtvoller auf Veränderungen oder Bedrohungen reagieren als Gewerkschaften das können, und sie ist in der Lage, viel mehr zu erreichen, wie es die 1960er und 1970er Jahre gezeigt haben. Selbstorganisierte Arbeiter*innen in einem Betrieb können Kampfformen entwickeln und Allianzen schmieden, zu denen Gewerkschaften in der Regel nicht fähig sind (wegen ihrer Verpflichtung zur Rechtmäßigkeit und vorher festgelegten Konfliktmechanismen).

Gemeinsam mit anderen populären Bewegungen könnten RBA eine neue historische Konjunktur emanzipatorischer Kämpfe entfachen, in der die Überwindung der entfremdeten Arbeit wieder ins Zentrum rückt. Zusammen mit Genossenschaften, Kleinproduzent*innen, Tauschnetzwerken, lokalen Währungen, Erzeuger-Verbraucher-Netzwerken, Initiativen der Solidarökonomie, Kämpfen für Commons und anderen Bewegungen bilden die RBA das Geflecht, aus dem eine neue Ökonomie, eine Ökonomie von Arbeiter*innen für Arbeiter*innen entstehen kann.

Kapitel 3
Arbeitskraft als Commons organisieren[24]

In der Diskussion über die Frage, wie Commons die Transformation der Gesellschaft und der sozialen Verhältnisse vorantreiben können, vertrete ich die Auffassung, dass Arbeit als Commons verstanden werden kann. Arbeit als Commons zu begreifen, bedeutet einen Perspektivwechsel zu vollziehen: weg von Arbeitskraft als einem Objekt des Kapitals, zur Vorstellung von Arbeitskraft als einer Ressource, die kollektiv und nachhaltig zugunsten der Gesellschaft organisiert wird. Angesichts der Tatsache, dass sozialer Wandel vornehmlich das Ergebnis sozialer Kämpfe ist, ist es unabdingbar, die Keimformen von Arbeit als Commons in dieser Gesellschaft zu untersuchen. Ich konzentriere mich auf rückeroberte Betriebe unter Arbeiter*innenkontrolle in Lateinamerika und Europa, also Unternehmen, die nach der Schließung der Fabrik durch die Besitzer*innen von den Arbeiter*innen selbstständig verwaltet werden. Auch wenn sie innerhalb der Hegemonie des kapitalistischen Marktes agieren, adoptieren sie dennoch nicht die eine umfassende kapitalistische Rationalität[25] und haben sich als wirtschaftlich tragfähig erwiesen. Rückeroberte Betriebe unter Arbeiter*innenkontrolle eröffnen eine neue Perspektive auf Arbeit als Commons.

---

[24] Überarbeitete Fassung des 2016 auf Englisch im Journal *Critical Sociology* als Online-Vorveröffentlichung erschienenen Beitrags »Labour as a Commons: The Example of Worker-Recuperated Companies«.

[25] Die Debatten um kapitalistische Rationalität und Rationalität des Kapitals sind sehr umfassend. In den RBA werden zahlreiche Aspekte davon nicht übernommen bzw. es wird versucht, ihren Einfluss so weit wie möglich zu reduzieren. Dazu gehören z.B. das kapitalistische Konkurrenz- und Marktverhältnis, Hierarchieformen, Produktionsabläufe, Entlohnungsmaßstäbe und insbesondere Fragen der Arbeitsteilung. Auf einige der Aspekte wird in diesem Kapitel und in diesem Band näher eingegangen.

In den neueren Debatten über Commons und soziale Transformation verweisen mehrere Autor*innen auf *Commoning* als eine Strategie, um den Kapitalismus zu untergraben oder gar zu überwinden (u.a. De Angelis 2014, Fattori 2011, Federici 2011, Linebaugh 2008 und 2014, Negri 1992, Rifkin 2014 und Wainwright 2012b). Sowohl David Harvey (2012) als auch Michael Hardt und Antonio Negri (2009) entwickeln einen Fokus auf die urbanen Commons in den Metropolen. Trotz dessen finden sich die meisten Beispiele des Commoning, die in der relevanten Literatur diskutiert werden, in ländlichen Gebieten, wo der Zugang zu Commoning-Praktiken leichter scheint als in urbanen Gebieten und die Traditionen sich stärker erhalten (Bennholdt-Thomsen/Mies 2001; Federici 2011; Federici/Caffentzis 2014; Klein 2001; Linebaugh 2014; Ostrom 1990). Forschung über die urbanen Commons konzentriert sich für gewöhnlich auf öffentliche Plätze und die Versuche, sich ihrer verstärkten Kommodifizierung entgegenzustellen.

Beispiele verweisen auf die zeitlich begrenzte kollektive Aneignung öffentlicher Orte (Besetzungen, Proteste, usw.), den Zugang zu kommodifizierten öffentlichen Orten und auf ihre verlängerte kollektive Nutzung, insbesondere städtische Gärten, kollektives Wohnen und die Rekommunalisierung des Wassers (Dellenbaugh et al. 2015). Doch insofern die Individualisierung und Kommodifizierung der Arbeitskraft zentral für die kapitalistische Produktionsweise ist und das transformative Potenzial des Commoning in der kollektiven Aktion und den Versuchen der Dekommodifizierung liegt, ist die Frage, wie Arbeit in ein Commons verwandelt werden kann, von außerordentlichem Interesse. Die Commons verschieben die Diskussion in ein Feld, das weder privat noch öffentlich ist. Die bisherigen Debatten über Arbeit als Commons fanden hauptsächlich auf internationalen Veranstaltungen und Konferenzen statt (COPAC 2011; Heinrich Böll Stiftung 2013). Hilary Wainwright, die eine feministische Kritik der Lohnarbeit und des Kapitalismus betreibt, hat die Idee, Arbeit als Commons zu verstehen, auf Konferenzen vertreten (Wainwright 2012a). Auch Walker hat wichtige Beiträge zu dieser Debatte geleistet (Walker 2013). Doch bis heute mangelt es dieser Diskussion an einer empirischen Untermauerung. Die Beispiele beschränken sich meist auf die digitale Produktion. Ich behaupte, dass Praktiken existieren, die Arbeit als Commons organisieren, doch dass diese sich selten per Selbstdefinition als solche verstehen.

Angesichts der offensichtlichen Schwierigkeiten, Arbeitskraft in Gesellschaften der kapitalistischen Produktionsweise der Kommodifizierung zu entziehen, muss die Forschung die Aufmerksamkeit dorthin richten, wo Keimformen von Arbeit in Form von Commons bestehen. Der Fokus meiner Analyse sind rückeroberte Betriebe unter Arbeiter*innenkontrolle: ehemalige kapitalistische Unternehmen, die von ihren Besitzern geschlossen wurden oder Bankrott gegangen sind, infolge dessen die Fabriken von den Arbeiter*innen besetzt werden und ein Kampf dafür beginnt, die Produktion unter kollektive und demokratische Selbstkontrolle zu stellen. Der Privatbesitz an Produktionsmitteln wird in kollektives Eigentum verwandelt, mit sozialem Zweck und ohne individuelles Eigentum (CDER 2014; Chedid et al. 2013: 27, 30; Ruggeri 2014: 16).

Seit dem Jahr 2000 haben auf diese Art und Weise Arbeiter*innen weltweit hunderte Fabriken unter ihre Kontrolle gestellt. Um die Analyse der RBA als Beispiel des Commoning der Arbeit fortzusetzen, ist es zunächst notwendig, die von mir genutzten Konzepte der Commons grob zu umreißen.

Die Rückkehr der Commons

Ursprünglich bezogen sich die Commons auf eine gemeinsam genutzte Ressource, wie es für die meisten Naturressourcen der Fall war, bevor sie nach und nach vom Kapital einverleibt wurden. Die Commons existierten vor dem Privateigentum und dem Kapitalismus (Linebaugh 2014: 14; Rifkin 2014: 29-39). Das Kapital benötigt die Commons für eine fortgesetzte Akkumulation durch Enteignung (Harvey 2004). Mit der fortschreitenden Vereinnahmung durch das Kapital und der Verbreitung des Gegensatzpaares von öffentlich und privat, rückten die Commons lange Zeit aus dem Blickfeld der öffentlichen, aber auch der linken und kritischen Debatte, insbesondere im Globalen Norden. Im Globalen Süden haben traditionelle Praktiken des Commoning teils bis heute überlebt. Auch wenn viele auf alten Bräuchen und Normen basieren, sind sie dennoch nicht einfach übrig gebliebene Traditionen; im Gegenteil sind sie selbstorganisierte Systeme der »kollektiven Reproduktion des Lebens durch tägliche Praktiken« (De Angelis 2010: 955), die den sich beständig ändernden Umständen der gegenwärtigen Gesellschaften angepasst sind.

Seit Mitte der 1990er sind die Commons im Globalen Süden wieder deutlicher in Erscheinung getreten, insbesondere im Zusammenhang mit dem Zapatista-Aufstand in Chiapas, Mexiko, und anderen indigenen Kämpfen (Federici 2011; Federici/Caffentzis 2014; Vergara-Camus 2014). Konzepte der Commons nahmen eine wichtige Rolle in den Bewegungen für globale Gerechtigkeit ein (Klein 2001) und waren und sind Kern wichtiger sozialer Kämpfe im Globalen Süden. So z.B. im Fall von den »Wasserkriegen« (2000) und den »Gaskriegen« (2003/2005) in Bolivien (Dangl 2007), Fabrikaneignungen und Nachbarschaftsorganisation (Azzellini/Ness 2012; Azzellini [Hrsg.] 2015), Landbesetzungen durch die Bewegung der Landlosen in Brasilien (von denen die RBA den Spruch »Besetzen, Widerstehen, Produzieren« übernahmen) und anderen Kämpfen, die darauf abzielen, Land, Wasser, Samen, usw. als Commons zu erhalten – gegen Privatisierungen durch transnationale Unternehmen. Konzepte und Praktiken des Commoning charakterisieren die neuen globalen Bewegungen seit 2008 (De Angelis 2014: 302; Hardt/Negri 2012: 89f.; Linebaugh 2014: 17, 24).

In Europa sind Konzepte von Commons präsent in Kämpfen zum Erhalt von Ressourcen oder bei der Rekommunalisierung von öffentlichen Ressourcen, indem diese in lokal kontrollierte Commons verwandelt werden, insbesondere Wasser, Elektrizität und Parks sowie öffentliche Räume in der Innenstadt. Weitere Debatten und Praktiken des Commoning sind mit den digitalen und kreativen Commons, Währungen und Wissen verbunden (Bollier/Helfrich [Hrsg.] 2012). Heutzutage ist der Diskurs über die Commons überall präsent. Private Unternehmen präsentieren ihre »sharing economy« als Commons, integrieren Commons in ihren Markt oder lassen sie direkt für den Markt produzieren. Während sich in der Vergangenheit das Kapital die Commons durch Einzäunung und Abgrenzung aneignen wollte, zielt der heutige Trend eher darauf ab, sie sich zunutze zu machen.

Die Commons sind weder Staat noch Markt: Sie sind weder ein öffentliches Gut, das vom Staat verwaltet oder reguliert wird, noch ein Privatbesitz oder eine Quelle des Mehrwerts, den man von Außenstehenden, die ihre »Teilhabe« anbieten, gewinnt. Commoning ist die Alternative zum angeblichen Dualismus von Staat und Privatem, die sich nicht gegenüberstehen, sondern dieselbe Logik teilen: »Beide Grundformen werden in eine fundamentale Struktur eingefügt: die Herrschaft eines Subjektes (ein Individuum, ein Unternehmen, eine Regierung) über ein Objekt (ein privates Gut, eine Organisation, ein Territorium).« (Mattei 2012)

Commoning als soziale Transformation

Commons sind kein Ding und sie sind auch keine Ressource oder der einfache Akt des Teilens. Commons sind ein soziales Verhältnis, das auf menschlicher Aktivität basiert. Es besteht sowohl als Ressource, als auch in der Art, wie diese von einem kollektiven Subjekt genutzt, geteilt und erhalten wird (Fattori 2011; Federici 2011; Helfrich 2008; Linebaugh 2008, 2014; Ostrom 1990; Rifkin 2014). Commons werden kollektiv organisiert, indem ein Normenkatalog zu ihrer Nutzung aufgestellt wird, um sie für zukünftige Generationen zu erhalten. Das bedeutet, dass Commons die Existenz einer sich selbst konstituierenden und sich selbst organisierenden Gemeinde voraussetzen, während Commoning zugleich die Selbstorganisation innerhalb dieser Gemeinschaften bestärkt (Ostrom 1990). »Wo auch immer Commons zu verschiedenen Zeiten existiert haben, wurden sie von einer lokalen Gemeinschaft, für die diese Commons die Grundlage ihres Lebensunterhaltes darstellen, beschützt, gepflegt, genutzt und reguliert.« (Bennholdt-Thomsen/Mies 2001: 1010)

Die Commons werden Commons durch den Akt des Commoning (Linebaugh 2014: 17), »Es gibt keine Commons ohne die unermüdliche Aktivität des Commoning, der gemeinsamen (Re-) Produktion« (De Angelis 2010: 955). Die Verwendung des Verbs »commoning« (Linebaugh 2008: 279) lenkt die Aufmerksamkeit auf die kollektive Aktivität. Indem auf ein System der sozialen Interaktion verwiesen wird, anstatt auf eine Ressource oder einen Verteilungsmechanismus, wird es viel leichter, das Potenzial des Commoning für soziale Transformation zu verstehen. Nach Fattori (2011) sind Commons das, was für das Leben essenziell ist, nicht nur in einem biologischen Sinne. Sie sind Strukturen, die Individuen miteinander verbinden, greifbare oder immaterielle Elemente, die wir alle gemeinsam haben und die uns zu Mitgliedern einer Gesellschaft machen, und nicht zu isolierten Einheiten, die miteinander in Konkurrenz stehen. Elemente, die wir gemeinsam erhalten oder reproduzieren, nach Regeln, die von der Gemeinschaft aufgestellt wurden.

Indem wir uns auf Commoning als Aktivität konzentrieren, werden wir außerdem daran erinnert, dass die Commons als solche keine automatische Lösung aller Widersprüche der zeitgenössischen Gesellschaften darstellen, wie zum Beispiel die Geschlechterungleichheit, Rassismus oder den Neo-Kolonialismus, sondern eher als ein sozialer Prozess verstanden werden müssen. Das Ergebnis hängt von den spezifischen bewussten Praktiken des Commoning ab und vom Kontext, in dem diese stattfinden. Um auszuschließen, dass die Früchte der Commons von Anderen vereinnahmt werden, um Mehrwert zu erzeugen, oder dass die Commons das Privileg einer kleinen, wohlhabenden Minderheit werden, ist es notwendig, das Konzept der Commons mit der der Gleichstellung zu verknüpfen.

Der Aktivität des Commoning ist es inhärent, die Sicht von Gesellschaft und Politik als zwei voneinander losgelösten Bereichen – eine Trennung, die bedingend für den Kapitalismus und den bürgerlichen Staat ist – zu überwinden, indem es den Unterschied zwischen Regierenden und Regierten aufhebt. »Das Projekt heißt nicht mehr eine Korrespondenz zwischen dem Politischen und dem Sozialen herzustellen« – wie in der repräsentativen

Demokratie –, »sondern die Produktion des Politischen in die Kreation des Sozialen einzufügen.« (Negri 1992: 350)

Der Kampf zwischen den sich gegenüberstehenden Wertpraktiken von Kapital und Commons ist ja ein sich ständig vollziehender (auch wegen der Praxis der Akkumulation durch Enteignung des Kapitals) und sich wieder verschärfender. Während die Wertpraktiken der Commons von den Bedürfnissen der Gemeinschaft und dem Erhalt und der Reproduktion der Commons diktiert werden (De Angelis 2014: 302), wird die Wertpraxis des Kapitalismus durch die Generierung und Aneignung von Mehrwert angetrieben. Zugleich besteht die Tendenz und Notwendigkeit, dass das Kapital auch beständig die Praxis des Commoning bekämpft, und auch dessen Idee.

Im Gegensatz zum Kapital, welches durch Ungleichheit und Konkurrenz erhalten wird, verbinden die Commons Individuen in Netzwerken, die auf Kooperation, Gegenseitigkeit und Gleichheit basieren. Während die Commons dazu tendieren, Räume abseits von Kapitalrelationen zu erzeugen, war »Kapitalismus seit langer Zeit ein Programm zur Kommodifzierung von allem« (Wallerstein 2000: 157). Das ist ein Grund dafür, warum Linebaugh die Commons als »antithetisch zum Kapital« (2014:14) beschrieben hat. Es ist »dieser Kampf um Werte, welcher den Kern des Potenzials der Commons ausmacht, als ein soziales System und eine Kraft, die möglicherweise dazu in der Lage ist, die Hegemonie des Kapitalismus zu überwinden« (De Angelis 2013: 606). Antikapitalistische Commons sollten als autonome Räume fungieren, »von denen aus wir die Kontrolle über die Bedingungen der Reproduktion zurückerobern« und »mit denen wir unsere Leben zunehmend vom Markt und Staat loslösen« (Federici/Caffentzis 2014: 1101). Dementsprechend erfordert das Commoning einen Prozess der Dekommodifizierung, eine Abschaffung der Ausbeutung und Transformation der sozialen Beziehungen der Produktion.[26] Es ist im Grunde genommen das,

---

[26] Die gesellschaftlichen Verhältnisse der Produktion reproduzieren die Logik des Kapitals in Herrschaftsbeziehungen, wirtschaftlichen Beziehungen und in der gesellschaftlichen Trennung der Arbeit.

was Wallerstein (2000: 157) einen langen Prozess der »Eliminierung der Kategorie des Profits« genannt hat.

Arbeit als Commoning

Lohnarbeit an und für sich kann nicht als Praxis des Commoning organisiert werden. »Arbeit« wird zumeist als Lohnarbeit verstanden, die Form, die sie innerhalb des Kapitalismus meist gezwungen ist anzunehmen. In meiner Argumentation stützte ich mich auf die von Marx vorgeschlagene Unterscheidung zwischen Arbeit und Arbeitskraft. Nach Marx ist Arbeit »die Aktivität des Arbeitens«, der physische Aufwand oder die physische Aktivität, um Gebrauchswerte zu produzieren. Während die Arbeitskraft, die Fähigkeit zu arbeiten, der Inbegriff »der physischen und geistigen Fähigkeiten [ist], die in der Leiblichkeit, der lebendigen Persönlichkeit eines Menschen existieren und die er in Bewegung setzt, sooft er Gebrauchswerte irgendeiner Art produziert« (Marx 1962: 181).

Arbeit und Arbeitskraft haben immer existiert. Doch es ist die Form der Gesellschaft, welche für ihre spezifischen Eigenschaften verantwortlich ist. Die kapitalistische Produktionsweise kommodifiziert die Gebrauchswerte und verwandelt sie in die »stofflichen Träger« des Tauschwerts (ebd.: 50). Die Arbeitgeber*innen kaufen die Arbeitskraft der Arbeiter*innen als eine Ware und werden somit Besitzer*innen der Güter, die von diesen Arbeiter*innen produziert werden. Im Kapitalismus müssen Arbeiter*innen ihre Arbeitskraft im Tausch gegen einen Arbeitslohn an Arbeitgeber*innen verkaufen. Nichtsdestotrotz ist die Arbeitskraft aus einer Vielzahl von Gründen eine Ware wie keine andere: Es ist eine Ware, die mit den einzelnen Arbeiter*innen verbunden ist und ohne die Arbeiter*innen nicht existieren kann. Arbeitskraft existiert nur als die Kapazität des lebendigen Individuums (ebd.: 185). Zusätzlich ist es eine Ware, »deren Gebrauchswert selbst die eigentümliche Eigenschaft [besitzt], Quelle von Wert zu sein, deren wirklicher Verbrauch also selbst Vergegenständlichung von Arbeit wäre, daher Wertschöpfung« ist (ebd.: 181).

Marx erinnert daran, dass die Rate des Mehrwerts »in erster Instanz abhängt vom Exploitationsgrad der Arbeitskraft« (ebd.: 626). Sobald die Arbeitskraft angeeignet wurde, ist sie nicht mehr ein allgemeines Potenzial, sondern verwandelt sich – für den Zeitraum, für den sie erworben wurde – in abstrakte Arbeit (also Mehrwert schaffende Arbeit). Doch jene Zeit, in der die Arbeitskraft nicht gekauft und genutzt wird, ist sie gesellschaftlich für immer verloren, da sie in einem kapitalistischen System nicht in konkrete Arbeit (also Gebrauchswert schaffende Arbeit) verwandelt wird. Diese Verschwendung von sozialem Potenzial ist dem Kapitalismus inhärent. Deshalb repräsentiert es einen wichtigen Paradigmenwechsel in der Gesellschaft, wenn Arbeit als Commons verstanden wird (Rifkin 2014; Wainwright 2012a).

Weil Arbeitskraft innerhalb des Kapitalismus als individuelle Kapazität verstanden wird, ist ein erster Schritt, um vom Konzept der Arbeitskraft als Ware wegzukommen, die Einsicht, dass »unabhängig davon, ob Arbeit bezahlt oder unbezahlt ist, die Fähigkeit zur Arbeit das Ergebnis einer durch und durch sozialen, kooperativen Tätigkeit« ist (Walker 2013). Die menschliche Fähigkeit zu erschaffen, ist eine kollektive soziale Fähigkeit und kein individuelles Geschenk. Sie ist von Wissen und Fertigkeiten abhängig, die von Anderen in der Vergangenheit entwickelt wurden; von den sozial organisierten Systemen des Wissenserhalts für spätere Generationen; von der Kooperation mit anderen Menschen; und der sozialen Reproduktion von Individuen. Arbeitskraft als individuelle Ware zu behandeln, die man auf dem Markt austauschen kann, ist ein Mechanismus zur Aneignung kollektiv und sozial produzierter Werte durch private Einrichtungen.

Wenn wir auf die zuvor zitierten Eigenschaften der Commons zurückkommen, dann kann bestätigt werden, dass die Fähigkeit der Arbeit zu erschaffen »essenziell für das Leben« ist, sie »verbindet Individuen miteinander«; es ist eine Ressource, die am besten genutzt wird, wenn sie gemeinsam erhalten und reproduziert wird, »nach Regeln, die von der Gemeinschaft aufgestellt wurden« und die »selbstregiert wird durch Formen der partizipativen Demokratie« (Fattori 2011). Wenn Arbeit eine inhärent soziale Aktivität ist, die von der Zusammenarbeit innerhalb der

Gesellschaft abhängig ist und im Gegenzug sozial nutzbringend ist, dann folgt daraus, dass der beste Weg ihrer Nutzung darin besteht, sie gemeinsam als Commons zu organisieren. RBA sind Versuche, dies auf einer relativ kleinen Ebene zu anzugehen.

Rückeroberte Betriebe in Lateinamerika und Europa

Arbeitsplatzrückeroberungen wurden bekannt und sichtbar dank der Übernahmen in Argentinien im Verlauf der Krise 2000/2001, als sie zu einer weit verbreiteten Praxis wurden. Ende 2017 gab es in Argentinien ungefähr 400 RBA, die mehr als 15.000 Arbeiter*innen beschäftigten (CDER 2014; PFA/CDER 2018). In Brasilien sind es mindestens 78 RBA mit ungefähr 12.000 Arbeiter*innen (Chedid et al. 2013: 249ff.) und in Uruguay gibt es 22 RBA (Rieiro 2015). In Venezuela gibt es mehrere Dutzend RBA, einige von ihnen werden gemeinsam von Arbeiter*innen und der lokalen Gemeinschaft verwaltet. In einigen Dutzend staatlichen und nationalisierten Unternehmen in Venezuela kommt es zu Kämpfen um Arbeiter*innenkontrolle (Azzellini 2012a; 2012b; 2014; 2017a; 2017b). In Mexiko (Cuninghame 2015), Indien und Indonesien sind einige wenige RBA entstanden. Im Zuge der aktuellen Krise fanden in Argentinien (CDER 2014) und Venezuela (Azzellini 2017a, 2017b) noch viele weitere Rückeroberungen statt und auch in Italien, Frankreich, Griechenland, Bosnien, Kroatien, Ägypten, der Türkei und den USA (Azzellini 2015) kam es vereinzelt zu Rückeroberungen.

In den vergangenen 150 Jahren haben Arbeiter*innen unter verschiedenen historischen Bedingungen die Kontrolle über ihre Arbeitsplätze übernommen (Azzellini [Hrsg.] 2015; Azzellini/ Ness 2012). Doch während frühere Rückeroberungen in einem Kontext der revolutionären Offensive der Arbeiter*innen stattfanden, sind die Rückeroberungen der vergangenen zwei Jahrzehnte in defensiven Situationen entstanden. Im allgemeinen Kontext der Krise haben viele Arbeiter*innen keine andere berufliche Perspektive oder überhaupt Mittel zum Überleben. In den meisten Fällen haben sie keine Unterstützung der großen

Gewerkschaften oder institutioneller politischer Kräfte. Oftmals sind die Maschinen veraltet, benötigen Reparaturen oder wurden von den Eigentümer*innen mitgenommen und die alten Geschäftsbeziehungen existieren auch nicht mehr. Die Arbeiter*innen haben keinerlei vorherige Erfahrung in der Selbstverwaltung oder Zugang zu finanziellen Mitteln, um investieren zu können. Mitten in der kapitalistischen Krise und der Krise der traditionellen Gewerkschaften gehen die Arbeiter*innen in selbstorganisierte offensive Kämpfe.

Fast alle RBA sind kleine oder mittelgroße Unternehmen. Es gibt RBA in fast allen Industrien, von Metall, Textil, Keramik, Essensverarbeitung, Plastik und Gummi, bis hin zu Druckereien und mehr. Es gibt auch im Service Sektor RBA, wie zum Beispiel Kliniken, Bildungseinrichtungen, Medien, Hotels und Restaurants, wenn auch weitaus seltener als die industriellen RBA (Azzellini 2015; CDER 2014: 72ff.; Chedid et al. 2013: 249ff.). Die materiellen Bedingungen, Gesetze und politischen Kontexte sind von Land zu Land unterschiedlich. Nichtsdestotrotz gibt es Gemeinsamkeiten unter den RBA. Der Ausgangspunkt jedes RBA ist eine selbstorganisierte Gruppe von Arbeiter*innen, die nicht akzeptiert, dass Privatbesitz das entscheidende Kriterium sein soll, ob ein Arbeitsplatz weiterhin existiert oder nicht. Sie lehnen Lösungsvorschläge ab, die eine individuelle Neuzuteilung ihrer Arbeitskraft bedeuten würden, und setzen sich für eine alternative Lösung ein, die auf kollektiven Prozessen basiert.

Arbeitsplatzrückeroberungen bedeuten eine Transformation der hierarchischen Strukturen des kapitalistischen Geschäfts, das vornehmlich an der Erhöhung des Mehrwerts interessiert ist, in ein demokratisches selbstverwaltetes Unternehmen, welches im Kern auf das Wohlbefinden der Arbeiter*innen abzielt. Innerhalb dieses Prozesses ändert sich fast alles: die Subjektivitäten der Arbeiter*innen; die sozialen Beziehungen der Arbeiter*innen untereinander; der Arbeitsprozess; die internen Dynamiken und Beziehungen zu den Zulieferern, Kunden und der lokalen Gemeinschaft. Die Rückeroberung des Arbeitsplatzes ist deshalb nicht nur ein ökonomischer Prozess, sondern auch – oder sogar primär – ein sozialer Prozess (Azzellini 2015; CDER 2014;

Chedid et al. 2013; Ruggeri 2014). Ökonomische Existenzfähigkeit ist wichtig, aber in RBA ist sie untrennbar mit den Zielen der Demokratisierung, Solidarität, Gerechtigkeit, Würde, alternativer Wertproduktion und der Überwindung der Entfremdung der Arbeit verbunden.

Die meisten RBA formieren sich zu Kooperativen. Es ist für gewöhnlich die einzige juristische Form, die ein kollektives Management erlaubt und somit eine gesetzliche Basis für das Funktionieren der Firma bereitstellt (Azzellini 2015; Novaes/Sardá de Faria 2014: 86f.; Ruggeri 2014: 14ff.).[27] Nichtsdestotrotz gibt es wichtige Unterschiede zwischen Kooperativen und RBA. RBA werden nicht durch eine zuvor bestehende Gruppe von Freiwilligen, die bestimmte Werte miteinander teilen, gegründet. Der argentinische Forscher Andrés Ruggeri weist darauf hin: In einem RBA sind alle Arbeiter*innen, die auch vorher im Unternehmen waren. Von den linken Vorwärtstreibenden, die davon überzeugt sind, direkt gegen das Kapital zu kämpfen, bis zu demjenigen, der gestern das erste Mal gewählt hat und der beste Freund des Bosses war. Die Schlussfolgerung ist: Selbstverwaltung benötigt keine Vorhut, weil jeder Teil des Prozesses der Selbstverwaltung sein kann. (Interview, 15.1.2015).

Oder wie es Luca Federici vom RBA RiMaflow in Milan ausdrückt: »Da sind Leute dabei, die früher Berlusconi oder die Lega Nord gewählt haben und heute hier sind, um eine Fabrik zurückzugewinnen. Wenn du das denen vor sechs Jahren erzählt hättest, hätten sie gesagt: ›Wer? Ich? Bist du irre?‹« (Azzellini/Ressler 2014). Indem verschiedene Subjektivitäten in den Prozess miteinbezogen werden, wird die Möglichkeit eröffnet, dass eine auf Commons basierende ökonomische Tätigkeit eine »soziale Basis für alternative Formen sein kann, die soziale Produktion unabhängig vom Kapital und seinen Vorgaben zu artikulieren« (DeAngelis 2013: 606).

In den meisten RBA – wie z.B. die griechischen Vio.Me-Arbeiter*innen – verstehen die Arbeiter*innen die Produktionsmit-

---

[27] Nur in Venezuela werden verschiedene Formen der kollektiven Verwaltung anerkannt (Azzellini 2012 a und b; 2013; 2017a).

tel »als kollektiv verwaltete Commons, welche es ermöglichen, dass gearbeitet und produziert wird, nicht als ein Eigentum von Individuen« (Kioupkiolis/Karyotis 2015: 316). Deshalb besitzen RBA keine individuellen Besitzanteile, ungleiche Verteilungen von Anteilen oder externe Investoren, wie es bei einigen *Buy-outs* durch Arbeiter*innen der Fall ist (Azzellini 2015). RBA sozialisieren das vormals private kapitalistische Eigentum. Diese Transformation war der Ursprung einiger Arbeiter*innen-Kooperativen-Bewegungen vor einem Jahrhundert, doch das ist in den meisten Kooperativen heute nicht mehr der Fall (Ruggeri 2014: 16). RBA entstehen aus dem Widerspruch von Kapital und Arbeit und aus der Existenz eines Kampfes. Die Arbeiter*innen in RBA sind sich dieser Tatsache vollauf bewusst. Durch die Erfahrung der Besetzung und Selbstverwaltung des Arbeitsplatzes bekräftigen die Arbeiter*innen ihre Identität als Arbeiter*innen (aber ohne eine*n Arbeitgeber*in), die eine Klassenfrage einschließt, an Stelle einer Identität als »Kooperativisten oder ›Ausgeschlossene‹, […] in der die Idee einer Klasse, die von ihrer Arbeit lebt, verloren geht.« (Ruggeri 2014: 16)

Demokratische Selbstverwaltung, Gleichheit und Aufhebung der Entfremdung

RBA werden demokratisch selbstverwaltet von einer selbstorganisierten Gemeinschaft, in Übereinstimmung mit den Prinzipien der Commons. Es werden regelmäßige Veranstaltungen organisiert, bei denen alle Arbeiter*innen eine Stimme und ein Wahlrecht haben und alle wichtigen Entscheidungen gemeinsam getroffen werden (Azzellini [Hrsg.] 2015; CDER 2014; Chedid et al. 2013; Azzellini/Ness 2012; PFA 2010). Auch wenn zumeist Vereinbarungen existieren, wie oft sich die Arbeiter*innen jedes Jahr zu treffen haben: An jedem Arbeitsplatz, den ich besucht, an dem ich Interviews geführt oder von dem ich gehört habe, treffen sich die Arbeiter*innen weitaus häufiger – ohne Ausnahme. Viele organisieren tägliche kurze Treffen ihrer Abteilung, Arbeitsgruppen für bestimmte Bereiche und Treffen der Arbeitsgruppen-Delegierten – zusätzlich zu den Generalversammlungen. Der demokratische Prozess ist eine der zentralen Veränderungen der Beziehungen in einem RBA und die meisten von ihnen behalten die direkten demokratischen Strukturen bei, die sie während ihres ursprünglichen Kampfes eingeführt hatten. In Argentinien halten 88% der RBA regelmäßige Generalversammlungen, 44% organisieren wöchentliche und 35% monatliche Versammlungen (PFA, 2010: 47). Im Vergleich dazu treffen sich traditionelle Kooperativen in Argentinien weitaus weniger häufig (CDER 2014: 46). In den hier untersuchten Ländern dürfen Kooperativen laut Gesetz nur einmal im Jahr eine Generalversammlung organisieren, bei der die Mitglieder der Kooperativen diejenigen wählen, denen sie die Entscheidungsgewalt übertragen. Die brasilianischen RBA treffen sich weniger häufig als die argentinischen, allerdings organisieren sie regelmäßige Abteilungstreffen. 75% haben eine Wandzeitung und 11% eine interne Publikation (Chedid et al. 2013: 124).

Einige RBA, insbesondere in Venezuela, wurden gemeinsam von Arbeiter*innen und der lokalen Gemeinschaft zurückerobert, wie die frühere Bierbrauerei Brahma-AmBev in Barquisimeto, die von ihren Besitzer*innen im März 2013 aufgegeben wurde. 60 Arbeiter*innen besetzten die Fabrik und 30 verwalten sie jetzt gemeinsam mit der lokalen Selbstverwaltung, der »José Pío Tamayo« Kommune. Das Unternehmen generiert durch eine Reihe von Aktivitäten ein Einkommen für alle Arbeiter*innen. So verkaufen sie gefiltertes Wasser und haben eine Autowäscherei und einen Hühnchen-Verkaufsstand eröffnet, der vom RBA Beneagro (Geflügelzucht) beliefert wird (Teruggi 2015).

Im Zusammenhang mit dem Kampf um Übernahme verschwinden offizielle Hierarchien und die Trennungen der verschiedenen Arbeiter*innen untereinander. Sobald die Arbeiter*innen Beziehungen der Gleichheit erlebt haben, führen sie so gut wie nie wieder Hierarchien ein und die Gehaltsunterschiede sind gering bis nicht existent. Eine Studie über 81 argentinische RBA zeigt, dass 45 eine absolute Gleichheit der Zahlung beibehalten haben; 34 RBA besitzen Gehaltsunterschiede, doch der durchschnittliche Unterschied zwischen dem niedrigsten und dem höchsten Lohn lag nur bei 33%; und zwei der untersuchten Firmen besaßen eine Lohnstruktur, in der der höchste Lohn 75% höher war als der niedrigste. Die Gründe für höhere Bezahlung waren: Unterschiede in den Arbeitsaufgaben (41%) und den Arbeitsstunden (27%), Kategorisierung eines Jobs durch die Gewerkschaft (18%) und Dienstalter (17%) (PFA 2010: 55f.). Während meiner Untersuchungen konnte ich die gleiche Entlohnung in zehn venezolanischen und sechs kleineren europäischen RBA feststellen (Azzellini 2015). In Uruguay ist die Situation ähnlich (Rieiro 2015). Ramón Martínez, ein Arbeiter von Uruven, einem Gerberei-RBA mit 25 Arbeiter*innen in Montevideo, erklärt: »Wir verdienen alle das Gleiche, wir haben unterschiedliche Rollen und Aufgaben und alle zwei Jahre wählen wir fünf Arbeiter*innen zur Betriebsleitung.« (Interview, 5.2.2015)

Große Einkommensunterschiede gibt es nur in Brasilien, wo 10 der 50 analysierten Firmen einen Lohn in etwa zwischen dem gleichen bis zum doppelten Gehalt der schlechtbezahltesten Arbeiter*innen auszahlen, während 15 Arbeitsplätze sogar das Fünfbis Zehnfache zahlten (Chedid et al. 2013: 128). Die Unterschiede im Gehalt oder in einigen Fällen das Anheuern von Lohnarbeiter*innen entspringt vorrangig dem Druck des Marktes. Wenn sie allen Arbeiter*innen das gleiche Gehalt zahlen würden, könnten RBA einige spezialisierte Positionen nicht besetzen. Nichtsdestotrotz suggerieren die großen Differenzen in Brasilien, dass mehr Forschung über die Ursachen und Dynamiken notwendig ist, angesichts der Tatsache, dass Lohnzahlungen in 60% der RBA regelmäßig demokratisch diskutiert und entschieden werden (ebd.: 126ff.). Manche rückeroberte Kliniken in Argentinien entscheiden sich dazu, Ärzte einzustellen, wie zum Beispiel die Clínica Junín in Cordoba (rückerobert in 2002). Doch wie Esteban Torletti, Haustechniker und Direktor der Arbeiter*innen-Genossenschaft, erklärt, taten sich die Ärzt*innen schwer damit, die anderen als Gleichgestellte in Bezug auf Arbeitszeit und Meinung zu betrachten. Deshalb entschieden sich die Arbeiter*innen dazu, ihre Kooperative ohne Ärzte aufzubauen (Interview, 22.1.2015).

Eine weitere Eigenschaft der RBA ist die berufliche Rotation: 70% der RBA in Argentinien praktizieren irgendeine Form der

Rotation (PFA 2010: 54). Das Gleiche gilt für die RBA, die ich in Europa oder anderen Teilen von Südamerika besucht habe. Zunächst entsteht die Rotation aus Notwendigkeit: Nicht alle Arbeiter*innen können an der Rückeroberung teilnehmen; insbesondere die jüngeren, die gut ausgebildeten und die Büromitarbeiter*innen beteiligen sich weniger. Die Arbeiter*innen müssen ihre Positionen rotieren, um diese Leerstellen zu füllen und um jene Aufgaben zu erledigen, mit denen sie vor der Besetzung nicht vertraut waren. Gleichzeitig herrscht bei den meisten Arbeiter*innen ein großes Interesse, andere Aufgaben zu erlernen. Rotation wird von den Arbeiter*innen oftmals in einem Zusammenhang mit Entfremdung und der Fragmentierung des Arbeitsprozesses diskutiert. Kollektive Entscheidungsfähigkeit erfordert und fördert außerdem ein breiteres Wissen über das Funktionieren des Unternehmens.

Angst und Entfremdung vom Arbeitsprozess, die sonst ein konstanter Begleiter von Arbeiter*innen in normalen Fabriken sind, können durch die RBA überwunden werden (Azzellini 2014; 2015; Azzellini/Ressler 2014; 2015a; 2015b; CDER 2014; PFA 2010). In den RBA ist die Selbstverpflichtung der Arbeiter*innen der Hauptantriebsmotor. Stechuhren und Überwachung durch Vorgesetzte, Kameras oder Wachen existieren nicht mehr. Vor der Übernahme, wie es Vio.Me Arbeiter Makis Anagnostou ausdrückt, »herrschte in den Fabriken noch ein Regime der Angst« (Azzellini/Ressler 2015b). Indem sie kollektive Kontrolle über das Produkt ihrer eigenen Arbeit zurückgewinnen, beginnen die Arbeiter*innen in einen Prozess der »progressiven Aufhebung der Entfremdung« einzusteigen (Mandel [Hrsg.] 1971: 187-210). Giuseppe Terrasi, Arbeiter bei der RBA Officine Zero (Metallindustrie) in Rom, Italien, die im Februar 2012 rückerobert wurde, fasst das so zusammen: »Vor 30 Jahren kam ich als letztes Rad am Wagen hierher – und jetzt diese Fabrik gemeinsam mit anderen selbst zu verwalten, das ist ein Ziel zu erreichen. Das ist das Höchste für einen ausgebeuteten Arbeiter, dass man sagen kann, jetzt beutet mich niemand mehr aus, jetzt ist es meins – endlich fühle ich mich daheim.« (Azzellini/Ressler 2015b)

Commoning in einem RBA entfesselt die Kreativität der Arbeiter*innen. Die Arbeiter*innen verbessern den Produktionsprozess, bauen Ersatzteile und erfinden neue Produkte und Aktivitäten (Azzellini 2014; 2015; Azzellini/Ressler 2014; 2015a; 2015b; CDER 2014). Wie Arbeit genutzt wird, ist durch den Prozess des Commoning determiniert. Das Wissen wird ebenso ein Commons, indem sich viele Arbeiter*innen darauf vorbereiten, neue Funktionen zu übernehmen. Julio González, Arbeiter bei dem venezolanischen RBA Inveval (Industriearmaturen), drückt es so aus: »Es werden Menschen in allen Bereichen ausgebildet. Eine große Zahl der Genoss*innen studiert an Universitäten, einige sind auf Missionen [Erwachsenenbildungsprogramm], die wir hier in unseren Anlagen haben. Einige Genossen haben bereits ihre Ausbildung abgeschlossen und warten darauf, die Universität zu besuchen, um weiter zu studieren und unsere Organisation mit Wissen zu versorgen. 22 sind in der Mission Ribas [Oberschule]. Zehn studieren an der Hochschule für einen Bachelor oder andere technische Berufe.« (Interview, 9.4.2008)

In Venezuela können Arbeiter*innen das Programm der »Bolivarianischen Universität der Arbeiter und Arbeiterinnen Jesús Rivero«[28] besuchen und auf diese Weise lernen, ihr Wissen über Arbeit und den Produktionsprozess zu systematisieren und kontextualisieren. In Argentinien wurden 2004 von der Kooperative der Volksschullehrer und -forscher (CEIP) gemeinsam mit der Nationalen Bewegung für rückeroberte Fabriken (MNER) die *bachilleratos populares* (ein Hochschulreifeprogramm) eingeführt. Die erste Schule wurde im Impa RBA (Metallarbeit) organisiert, der 1998 zurückerobert wurde (Interview Polti, 13.2.2015). 2010 begann die Impa Arbeiter*innen-Universität mit Kursen auf dem Gelände von Impa.

---

[28] Für weitere Details kann die offizielle Webseite besucht werden: www.mppeuct.gob.ve/ministerio/directorio/entes-adscritos/ubt-jesus-rivero.

Neue Wertproduktion, Netzwerke und Solidarität

»Die Wertpraktiken der RBA basieren auf den Bedürfnissen der Gemeinschaft und dem Erhalt und der Reproduktion des RBA« (De Angelis 2014: 302). RBA wachsen wahrscheinlich langsamer als kapitalistische Unternehmen. Dies wird auch daran ersichtlich, dass es in RBA keine Entlassungen gibt. Was Ranis für die argentinische, Kacheln produzierende RBA FaSinPat (ehemals Zanon) feststellt, gilt für alle RBA, die ich besucht habe: Arbeiter*innen werden nur mit besonderen Gründen gekündigt, nämlich, »regelbrechendes Verhalten, nachgewiesene Vernachlässigung der Maschinen und Produkte, oder ein beständiges, unentschuldigtes Fehlen am Arbeitsplatz« (Ranis 2010: 91).

RBA unterhalten für gewöhnlich Beziehungen zu anderen Bewegungen, politischen und sozialen Organisationen als auch der Nachbarschaft (Larrabure et al. 2011: 191). Die stärkste Unterstützung für argentinische RBA kommt von anderen RBA: 82,3% erhalten diese Unterstützung. Das *Red Gráfica* (Grafik-Netzwerk) zum Beispiel ist ein Koordinierungsorgan für 15 RBA-Druckereien und Grafiker-Unternehmen, dessen wesentliches Ziel auch die Unterstützung neuer RBA in diesem Sektor ist. 64,7% von ihnen haben Gewerkschaftsunterstützung erhalten (meistens rechtliche Beratung), 64,6% Unterstützung von sozialen Bewegungen und Parteien und 29,4% von den umliegenden Gemeinden (PFA 2010: 21). Commoning am Arbeitsplatz und Netzwerke der Gegenseitigkeit und Solidarität verwandeln viele RBA in eine Institution für Allmenderessourcen [Common Pool Resources (CPR)]. Fast alle argentinischen RBA engagieren sich kulturell, sozial oder politisch – 39% von ihnen stellen sogar permanent ihre Räume für kulturelle Zentren, Radiostationen, Kindergärten, die *bachilleratos populares* und andere Aktivitäten zur Verfügung (PFA 2010: 80).

Ruggeri erklärt: »Einer der spannendsten Aspekte der RBA ist ihre Beziehung zur lokalen Gemeinschaften, zum Sozialen. Kein einziger RBA erobert sich allein zurück [...] um jeden RBA und um die RBA als solche gibt es eine viel größere Bewegung der sozialen Verbindungen und Netzwerke [...], und sie verändern die Bedeutung der Unternehmen. Wenn die Arbeiter*innen einen Betrieb allein zurückerobern, wenn sie die Fabrik in eine Kooperative verwandeln, usw., egal wie radikal der interne Prozess auch sein mag, wenn es nur eine ökonomische Aktivität ist, dann besitzt es nicht dasselbe transformative Potenzial, welches es gemeinsam mit dem Netzwerk der Bewegung besitzt.« (Interview, 15.1.2015)

In Brasilien sind 71% aller RBA mit anderen RBA oder Versuchen der Solidarökonomie verbunden; ein Drittel unterhält gute Beziehungen zu den Gewerkschaften; 39% sind mit anderen sozialen Bewegungen oder Parteien verbunden (Chedid et al. 2013: 161ff.). Einige RBA haben den Arbeitsplatz für andere Projekte geöffnet. Ein Beispiel ist die Plastikverpackungsfabrik Flaskô in Sumaré, São Paulo, die seit 2003 unter Arbeiter*innenkontrolle ist (ebd.: 37, 244). 2005 besetzten Arbeiter*innen gemeinsam mit lokalen Familien ein Stück Land neben der Fabrik und errichteten eine »Arbeiter- und Volksnachbarschaft« für 560 Familien. Ein leeres Lagerhaus wurde besetzt, in ein Sport- und Kulturzentrum verwandelt und ein Community-Radio auf dem Fabrikgelände eingerichtet. Die Zahl der Arbeiter*innen stieg von 50 auf 80 und Flaskô kooperiert in Recyclingprojekten mit lokalen Gemeinschaften und Schulen, die Plastikmüll als Rohmaterialien sammeln, der von Flaskô genutzt wird (Flaskô 2015).

In Uruguay sind RBA eng mit der Gewerkschaftsföderation und dem Sektor der Solidarökonomie verbunden. Gewerkschaften unterhielten in der Vergangenheit enge Beziehungen zur Bewegung der Arbeiterkooperativen (Interview Guerra, 3.2.2015). In Venezuela erhalten die Kämpfe um Arbeiter*innenkontrolle starke Unterstützung durch selbstorganisierte Communities (Azzellini 2017a). In Europa kam die wichtigste Unterstützung von sozialen Bewegungen und Solidaritätsinitiativen – nur in Frankreich erhalten die RBA eine relevante Unterstützung durch die Gewerkschaften.

In und zwischen den RBA herrscht eine neue kollaborative Kultur, anstelle einer Kultur der Konkurrenz. Die Hälfte aller brasilianischen RBA unterhalten wirtschaftliche Beziehungen zu anderen RBA (Chedid et al. 2013: 163). Eine Umfrage unter 82 argentinischen RBA zeigt, dass 16,05% ihrer Materialien von anderen RBA geliefert werden und 2,47% von anderen sozial wirtschaftenden Unternehmen (PFA 2010: 35f.). Wenn wir bedenken, dass RBA weniger als 0,1% der totalen Arbeiterschaft und des BSP ausmachen, dann folgt daraus, dass RBA Geschäftsbeziehungen mit anderen RBA bevorzugen. Sie unterstützen einander und tauschen Wissen und Erfahrungen auf nationalen, kontinentalen und globalen Treffen aus. Alle sechs europäischen RBA wurden von den argentinischen Bewegungen inspiriert und fünf von ihnen wurden von argentinischen Arbeiter*innen besucht. Für Vio.Me war dieser Besuch entscheidend für die Rückeroberung, wie sich der Arbeiter Dimitris Koumatsioulis erinnert: »Selbstverständlich hatten wir auch die Genossen aus den argentinischen Fabriken hier, wir haben lange Diskussionen geführt und sie haben uns geholfen, unseren Horizont zu erweitern und unsere Stimmung zu heben.« (Azzellini/Ressler 2015a)

Es gibt weitere Beispiele der internationalen Solidarität. Als der mexikanische RBA Reifenfabrik Euzkadi seine Maschinen erneuerte, kontaktiert er den ebenso Reifen produzierende RBA Funsa in Urugay und bot an, ihnen die alten Geräte kostenlos zu überlassen (Interview Romero, 6.2.2015). Auch Vio.Me erhielt von einem italienischen Chemieingenieur kostenlose Hilfe, um ihre organischen Reinigungsmittel zu verbessern, und integrierte zwei Chemieingenieure aus den sozialen Bewegungen in ihr Arbeiter*innen-Kollektiv, um die neue Formel umzusetzen (Interview Karyotis, 22.1.2016). Die engen Verbindungen und die Solidarität mit und unter den RBA zeigen, dass unter ihnen andere Wertvorstellungen verbreitet sind (Larrabure et al. 2011: 189f.).

Widersprüche

Der offensichtlichste Widerspruch in Bezug auf Arbeit als Commons ist, dass die RBA weder ihre Beziehungen zum Markt noch zum Staat auflösen können. »Weder Staat noch Markt« zu sein ist daher komplex. In gewisser Hinsicht sind RBA autonome Orte, »von denen die Kontrolle über die Bedingungen der Reproduktion zurückerobert wird« (Federici/Caffentzis 2014: 1101). Aber »in einer Situation, in der sowohl Kapital als auch Commons durchdringende Systeme sind, die das Soziale organisieren, wird klar, dass eine Lösung oftmals eine spezifische Einigung zwischen diesen beiden erfordern *wird*, das heißt eine spezifische Form ihrer strukturellen Verbindung« (De Angelis 2014: 304). RBA haben keine andere Wahl, als sich in den hegemonialen kapitalistischen Marktstrukturen zu bewegen. Der Druck, sich den Regeln des Kapitals anzupassen, ist nicht nur extern; interne Konflikte sind meistens auf Bezahlung, soziale Hierarchien am Arbeitsplatz, Arbeitsstunden und Verpflichtung zurückzuführen (Azzellini 2012b; PFA 2010: 55f.).

RBA »Protagonisten haben es sich selbst zur Aufgabe gemacht, ihr Unternehmen zu restrukturieren [...], die Produktion neu zu starten und ihre Firmen wieder wirtschaftlich tragfähig zu machen« (Larrabure et al. 2011: 189). Nichtsdestotrotz erfordern die Arbeitsplatzbesetzungen eine politische Lösung. Die meisten RBA in Argentinien, Brasilien, Uruguay, Venezuela und Frankreich erlebten irgendwann eine Form der staatlichen Intervention, allerdings immer erst in Reaktion auf den von RBA ausgeübten Druck (Azzellini 2013: 224ff.; 2015: 70ff.; Chedid et al. 2013; PFA 2010: 71).

Der Paradigmenwechsel in Bezug auf Arbeit muss außerdem die Trennung von Produktion und Reproduktion sowie die geschlechtliche Teilung der Arbeit überwinden (Federici 2011; Wainwright 2012a). Das ist ein Problem, das noch weiter im Detail erforscht werden muss. Fast alle RBA – mit Ausnahme der Bildungs-, Gesundheits-, Medien- und Textilsektoren – besitzen eine überwiegend männliche Belegschaft: In Brasilien waren bei den 21 Unternehmen, die untersucht wurden, 77% aller Arbeiter*innen männlich (Chedid et al. 2013: 71); in Argentinien waren es 82% (PFA 2010: 45). Arbeiterinnen erhalten oft weniger Unterstützung von ihren Familien und ihr Verhalten wird häufiger infrage gestellt. Mariarosa Missaglia von RiMaflow in Milan reflektiert über dieses Problem: »Na sicher, wenn du zurückblickst, war es auch zu Hause ein Kampf: ›Was bringt dich dazu, das zu tun?‹; ›Wozu machst du das denn, es ist doch schon alles entschieden?‹. Es ist also auch eine Genugtuung, zu Hause sagen zu können ›Seht ihr, ich habe es geschafft‹ und man muss ohnehin weiter für das kämpfen, woran man glaubt.« (Azzellini/Ressler 2014)

Commoning am Arbeitsplatz fördert gemeinsame und kollektive Aktivitäten über den Arbeitsplatz hinaus. Durch verstärkte soziale Aktivitäten mit Arbeiter*innen und ihren Familien, helfen die von mir besuchten RBA oftmals dabei, die Belastungen der sozialen Reproduktion auf den Arbeitsplatz zu verlagern, beispielsweise durch kollektiv gekochtes Essen oder organisierte Kinderpflege. Engere soziale Beziehungen, Solidarität und gegenseitige Hilfe machen es leichter, Unterstützung zu erhalten oder frei zu bekommen, wenn es notwendig ist.

Fazit

Die grundlegenden Prinzipien der Commons gelten für Arbeit in den RBA. Die Arbeiter*innen erschaffen sich selbst konstituierende und selbstorganisierte Gemeinschaften (Bennholdt-Thomsen/Mies 2001; Ostrom 1990) und erreichen die »kollektive Reproduktion des Lebens durch tägliche Praktiken« (De Angelis 2010: 955). Was Arbeiter*innen in RBA tun, ist »essenziell für das Leben« (Fattori 2011); es ist die Reproduktion und Produktion von Leben als Commoning. Die sich selbst konstituierende Gemeinschaft übernimmt Kontrolle über den Arbeitsplatz, kümmert sich um ihn und nimmt ihn in Betrieb.

Wenn wir die RBA mit den »Design Prinzipien« der nachhaltigen Bewirtschaftung von Allmenderessourcen vergleichen, wie sie von Ostrom postuliert wurden (Ostrom 1990: 90), stellen wir fest, dass fünf von sieben dieser Regeln auch für RBA gelten. RBA besitzen: a) klar definierte Grenzen in Bezug auf Aneignungsberechtigung; b) »Übereinstimmung zwischen Aneignung und Bereitstellung der Ressourcen und den lokalen Bedingungen«; c) kollektive Vereinbarungen durch Wahlen: »Individuen, die von den Betriebsregeln betroffen sind, können an ihrer Veränderung teilhaben«; d) von den »Aneigner*innen« erreichte Kontrolle,[29]

---

[29] Hier bleibt allerdings der Widerspruch bestehen, in einem kapitalistischen Umfeld agieren zu müssen, was eine vollständige Kontrolle

und e) abgestufte Sanktionen für Regel- und Normbruch, die von allen »Aneigner*innen« gemeinsam entschieden werden.

Die zwei verbliebenen Eigenschaften lassen sich nur bedingt anwenden: Mechanismen der Konfliktlösung bestehen zwar unter den Aneigner*innen, doch bis ein legaler Status erreicht wird, bestehen keine solchen Mechanismen »zwischen Aneigner*innen und Offiziellen«; die formale Illegalität der Rückeroberungen behindert außerdem die »Rechte der Aneigner*innen, sich ihre eigenen Institutionen zu schaffen, die nicht von externen Regierungsbehörden infrage gestellt werden«. Selbst nach der Legalisierung eines RBA ist es teils noch den Angriffen von Privateigentümern und staatlichen Behörden ausgesetzt. Dennoch stellt diese Tatsache nicht infrage, dass die RBA Allmenderessourcen sind, sondern nur, wie lange sie als solche erhalten werden können.

Nichtsdestotrotz haben von den 205 RBA, die 2010 untersucht wurden, drei Jahre später nur sechs geschlossen und 63 neue RBA sind entstanden (CDER 2014: 10, 13). Der Ausgangspunkt von RBA ist genau der Moment, in dem ein kapitalistisches Unternehmen schließt. In dieser nachteiligen Situation haben sie ihre Überlebensfähigkeit bewiesen und, wie die meisten RBA zeigen (Azzellini 2015; CDER 2014; Chedid et al. 2013; Rieiro 2015), »behalten im Großen und Ganzen ihre zentralen Werte von Gleichheit und Arbeiterselbstverwaltung bei« (Ozarow/Croucher 2014: 990).

Forschung und die empirische Erkenntnis deuten darauf hin, dass RBA lang bestehende Unternehmen sind, die nicht trotz, sondern gerade aufgrund ihres Kampfes und Konflikts überleben. Umbrüche und Kämpfe stehen im »Zentrum der Fragestellung der Re-Produktion der Commons« (De Angelis 2007: 74). Enteignungen, finanzielle Unterstützung und neue Gesetzesvorhaben in Argentinien, Brasilien, Uruguay und Venezuela demonstrieren, dass die RBA einen Einfluss auf die staatliche Politik haben (Azzellini 2014; CDER 2014; Chedid et al. 2013; Ranis 2010; Rieiro 2015).

---

aller Aspekte unmöglich macht. Gleiches gilt aber meiner Ansicht nach auch für andere Commons.

Die Produktion von anderen Werten, die auf Solidarität und Gegenseitigkeit basieren, zeigen das transformative Potenzial von Arbeit als Commons in den RBA. RBA erhalten »ihre zentralen Werte, selbst wenn sie dazu gezwungen sind mit dem Markt und dem Staat zu interagieren. Management Entscheidungen werden in einem Rahmen nicht-kapitalistischer Ideen getroffen und umgesetzt.« (Ozarow/Croucher 2014: 1003) Dies ist umso leichter, umso mehr RBA existieren und miteinander verbunden sind. Dasselbe gilt für die Errungenschaften in Bezug auf die institutionellen Reaktionen, wie Gigi Malabarba von RiMaflow (Mailand) erklärt: »Wir können siegen, wenn wir Teil eines größeren Konflikts werden und Erfahrungen wie diese sich verzehnfachen und verhundertfachen, um die Vorstellung zu nähren, dass eine andere Ökonomie möglich ist. Wenn die Ökonomie der Bosse in die Krise geraten ist, müssen wir eine andere Idee von Ökonomie entwickeln.« (Azzellini/Ressler 2014).

Die Arbeiter*innen bilden eine »freie Assoziation von Produzenten«, wie Marx es ausdrückt. Die Arbeitskraft der Arbeiter*innen eines RBA wird für und durch das Kollektiv genutzt. Arbeit hört auf, eine Last zu sein, es »wird zu einem Synonym für die Wiederherstellung der Würde, des Selbstbewusstseins und der Selbstentfaltung« (Ozarow/Croucher 2014: 1000). Demokratische Kontrolle über die Arbeit, ein Verständnis vom gesamten Produktionsprozess und neue soziale Beziehungen entfalten eine Tendenz in Richtung der Aufhebung der Entfremdung der Arbeiter*innen vom Arbeits- und Produktionsprozess, sowie von den Produkten ihrer Arbeit.

Trotz all dieser Widersprüche, Hürden und externen Angriffe sind RBA ein wichtiges Beispiel für ein neues Verständnis von Arbeitskraft als Commons. Das Potenzial der RBA liegt in ihrer Fähigkeit, Menschen eine konkrete Lösung und Perspektive für die Zukunft anzubieten, wenn Markt und Staat daran scheitern – in ihrer Inklusion verschiedener Subjektivitäten; und ihrer Fähigkeit sich mit anderen Sektoren zu verbinden, wie der Solidarökonomie und sozialen Bewegungen, indem sie nicht-kapitalistische Beziehungen aufbauen.

Kapitel 4
Globale urbane Proteste:
»This is a process not a protest«
Betriebsbesetzungen zur Produktion unter
Arbeiter*innenkontrolle und lokale Selbstverwaltung[30]

In diesem Kapitel behandle ich die Verknüpfung von Platzbesetzungen der neuen urbanen Bewegungen seit 2011 mit den Betrieben unter Arbeiter*innenkontrolle, die ab 2000 in Lateinamerika und darüber hinaus entstanden, und mit Formen kollektiver lokaler Selbstverwaltung wie etwa in Chiapas (Mexiko) oder Venezuela. Diesen Praxen sind bei aller Unterschiedlichkeit grundlegende Charakteristika gemeinsam. Alle konstruieren Räume der Produktion gesellschaftlicher Alternativen. Diese zeichnen sich unter anderem aus durch Selbstverwaltung mittels direkter Demokratie und Streben nach Autonomie. Nachdem repräsentative Mechanismen wie Gewerkschaft, Partei und Nationalstaat die gängige und mehrheitliche Form ökonomischer und sozialer Forderungen und Kämpfe in den vergangenen 150 Jahren darstellten, machen die Praktiken der neuen globalen Bewegungen eine wachsende Tendenz sichtbar, die sich an direkter Demokratie, Selbst-Organisierung und Autonomie orientiert. Die Strategie besteht gerade darin, in den selbst produzierten Räumen Elemente der angestrebten gesellschaftlichen Veränderungen zu entwickeln und zu erproben. Dabei sehen die Beteiligten die Praktiken nicht als Nische, sondern als gesamtgesellschaftliche Alternative. Die Praktiken werden via Netzwerke verknüpft und bilden neue räumliche Konfigurationen.

Die Verbindungen und Gemeinsamkeiten zwischen den verschiedenen Protestbewegungen seit Beginn der aktuellen Krise 2008 in Tunesien und Island über die weltweiten Platzbesetzun-

---
[30] Ursprünglich erschienen in *sub/urban*. Zeitschrift für kritische Stadtforschung, Band 2, Nummer 2-3, 2016, überarbeitet.

gen bis zu den französischen Protesten »Nuit debout« wurden von zahlreichen Autor*innen herausgestellt (Arenas 2014; Castañeda 2012; Castells 2012; Cossar-Gilbert 2016; Mason 2013; Roos/Oikonomakis 2014; Sitrin/Azzellini 2014). Die Bewegungen entstehen in einer Krise der Repräsentation und teilen die Kritik – ob in autoritären Regimen oder repräsentativen Demokratien – an der Repräsentation. Sie empfinden diese als undemokratisch und praktizieren Formen direkter Demokratie (Arenas 2014; Castañeda 2012; Juris et al. 2012; Ressler 2012; Sitrin/Azzellini 2014; Yörük 2014).

Selten und eher punktuell als systematisch sind hingegen die Gemeinsamkeiten der neuen globalen Bewegungen, und deren Orientierungen auf direkte Demokratie, Kollektivität, Solidarität, Selbstverwaltung und Autonomie, mit zwei weiteren Bewegungen der vergangenen Jahre untersucht worden: Erstens den RBA – gemeint sind Hunderte von Betrieben, die seit der Jahrtausendwende vornehmlich in Lateinamerika von Arbeiter*innen besetzt wurden, um selbstverwaltet zu produzieren. Zweitens den diversen Systemen lokaler Selbstverwaltung von Mexiko über Venezuela bis Kurdistan, die hier Kommunen genannt werden. Einige Autor*innen führen die neuen globalen Bewegungen und einzelne Beispiele von RBA oder Kommunen als miteinander verwandte Bestandteile einer Produktion und Erprobung gesellschaftlicher Alternativen an, die nicht in der Tradition der seit 1848 dominanten Form der repräsentierenden Partei oder Gewerkschaft stehen (Sitrin/Azzellini 2014: 14-39; Hardt/Negri 2009; 2012; Harvey 2012; Holloway 2010; Ross 2015; Teivainen 2016).

Die alternativen politischen Praxen der neuen globalen Bewegungen werden von Teivainen (2016) als »transnationaler libertärer Sozialismus« bezeichnet. Lopes (2014) analysiert die neue Orientierung in urbanen Bewegungen und nennt das Phänomen »libertäre Wende«. Ich zeige auf, auf welche Weise die Gemeinsamkeiten in der alternativen Raumproduktion neue globale Bewegungen, RBA und Kommunen verbinden. Damit sollen diese nicht miteinander gleichgesetzt werden. Sie unterscheiden sich voneinander und untereinander in Dauer, Form, Umfang und

Reichweite. Darauf wirken zahlreiche Faktoren ein. Ortsspezifische Dynamiken prägen alle gesellschaftlichen Kämpfe (Harvey 1995). Es soll auch keine vermeintlich gemeinsame Front aus den verschiedenen Praktiken und Kämpfen konstruiert werden. Vielmehr geht es darum herauszustellen, wie in ihnen eine politische Kultur sichtbar wird, die eine Alternative darstellt zu der traditionellen Organisierung von Protest im Bezugsrahmen der Repräsentation sowie des Staates und seiner Institutionen.

Der Zusammenbruch des Realsozialismus und die neoliberale Globalisierung haben Ansätze befördert, die eher in der historischen Tradition der Pariser Kommune stehen als in der des autoritären und staatszentrierten Sozialismus. Die Renaissance rätebasierter Selbstorganisierung erfasst Praxis und Debatten. Zeitgenössische Theoriekonzepte, die in Rätemodellen und Selbstverwaltung gründen, erfahren verstärkt Beachtung. Dazu gehören etwa die kommunalen Konsum- und Produktionskreisläufe des in Lateinamerika stark rezipierten István Mészáros (1995), der »demokratische Föderalismus« von Murray Bookchin (Biehl/Bookchin 1997; Bookchin 1992; 2015), der vom kurdischen Befreiungskampf übernommen wurde (Flach/Ayboğa/Knapp 2015) und das Konzept »Parecon« von Michael Albert (2006). Diverse Diskussionen um Alternativen zum kapitalistischen System, die im Kontext der Krise erfolgten, verwiesen ebenfalls auf demokratische Rätemodelle (Bonnet 2014; Esteva 2009; Demirovic 2009; Roth 2008; Wolff 2012; Zelik/Tauss 2013).

Tahir, 15-M in Spanien, Occupy in den USA, Occupy in London, Griechenland, Kanada, Brasilien und die Gezi-Park-Bewegung – die Platzbesetzungen breiteten sich weltweit aus (Harvey 2012: 161; Mason 2013; Roos/Oikonomakis 2014; Sitrin/Azzellini 2014).[31] Sie sind »eine sehr lokale und spezifische Strategie

---

[31] Es geht hier nicht um den Akt der Platzbesetzung an sich, eine Praxis die es auch in der Vergangenheit gegeben hat, sondern um die Platzbesetzungen als Ausdruck der neuen globalen Bewegungen. Das sind nicht alle Bewegungen, die in den vergangenen Jahren ähnliche Praktiken angewandt haben. So gehört z.B. das Beispiel des Maidan in der Ukraine, eine Platzbesetzung, die in eine nationalchauvinistische bis faschistische Mobilisierung abkippte, nicht in diese Reihe. Die Anerken-

und eine transnationale oder globale Praxis zugleich« (Feigenbaum/Frenzel/McCurdy 2013: 2). Es wird ein zentraler Platz besetzt und in einen Ort verwandelt, um darüber zu diskutieren was in der Gesellschaft falsch läuft und was dagegen zu tun ist. Die Platzbesetzungen drücken ein Bedürfnis nach einem Raum aus, in dem ein freier Austausch möglich ist und die Regeln dafür gemeinsam festgelegt werden. Es entsteht ein »politischer Commons« (Harvey 2012: 161). Auf den besetzten Plätzen wird versucht »die soziale Reproduktion und Neuschaffung des täglichen Lebens in Weisen zu ermöglichen, die den Status Quo anfechten« (Feigenbaum/Frenzel/McCurdy 2013: 10). Im Unterschied zu RBA und Kommunen geschieht dies auf den Plätzen aber nur temporär.

Anders als üblicherweise bei Protestcamps seit den 1960er Jahren geht es bei den Platzbesetzungen ab 2011 nicht um den Protest gegen eine Maßnahme oder einen Akteur (also »contentious politics«, McAdam/Tarrow/Tilly 2001), sondern um eine systemische Unzufriedenheit, die in die Öffnung von Räumen zur Erprobung von Alternativen mündet. So lautete eine weitverbreitete Losung von Occupy LSX (London) bis Occupy US: »Dies ist kein Protest, sondern ein Prozess.« Ganz gleich, was nun der konkrete Anlass für die Platzbesetzungen war, immer ging es dabei um wesentlich mehr. Stand bei Occupy die Macht der Konzerne und Gier der Eliten im Vordergrund, waren unter anderem auch Themen wie Zwangsräumungen, Ökologie, direkte Demokratie, Studienschulden, die Militarisierung der Polizei, Gender und Rassismus stark präsent (Arenas 2014: 434). Ganz ähnlich war es auch auf den anderen Plätzen weltweit. Sie alle hatten gemeinsam, dass sie eine gesamtgesellschaftliche Mobilisierung und Veränderung anstrebten (Byrne 2012; Castañe-

---

nung einer absoluten Gleichheit bei aller Unterschiedlichkeit ist eine der wesentlichen Grundlagen der neuen globalen Bewegungen. Rassistische, faschistische oder nationalchauvinistische Positionen waren auf allen anderen Plätzen ausgeschlossen. Auf dem Maidan waren sie von Beginn an (minoritär) präsent und wurden toleriert. Insofern war der Maidan nicht Ausdruck der neuen globalen Bewegungen.

da 2012; Graeber 2012; Interview Lozada, 8.1.2012; Ressler 2012; Roos/Oikonomakis 2014; Schumacher/Osman 2012; Sitrin/Azzellini 2014, Yörük 2014).

Entgegen oberflächlicher Betrachtung und weitverbreiteter Ansicht ist das, was auf den Plätzen wirkte und sichtbar wurde, nicht verschwunden. Allen Platzbesetzungen gingen zahlreiche soziale Kämpfe voraus, in denen spätere Praktiken und Inhalte angelegt waren (Ali 2012; Castañeda 2012; Roos/Oikonomakis 2014: 125ff.; Schumacher/Osman 2012; Sitrin/Azzellini 2014; Sowers/Toensing 2012; Yörük 2014). Die meisten Platzbesetzungen beschlossen nach einiger Zeit selbst ihre Auflösung, um an anderen Orten aktiv zu werden, einige wurden auch gewaltsam geräumt. Es erfolgte eine bewusste Reterritorialisierung, die in bestimmten Stadtteilen und konkreten Projekten vollzogen wurde. In Spanien folgten Bewegungen bezüglich Bildung, Gesundheitsversorgung und Diskriminierung gegen die Frau, die auf Versammlungen und direkter Demokratie beruhten. Dort, in Griechenland sowie in den USA entstanden zahlreiche Kooperativen und Netzwerke von Produzent*innen und Verbraucher*innen. Strike Debt, die US-Bewegung gegen Privatverschuldung durch Studium oder Gesundheitsversorgung, ist aus Occupy hervorgegangen; die Bewegung gegen Zwangsräumungen in den USA und Spanien wurde massiv gestärkt (Roos/Oikonomakis 2014; Sitrin/Azzellini 2014). Tahir führte zu einem enormen Zuwachs an betrieblicher Selbstorganisation und unabhängigen Gewerkschaften (Alexander/Bassiouny 2014: 224-251); zudem entstanden mindestens zwei RBA (Azzellini 2015), bis ein Militärputsch eine massive Repression entfachte.

Besetzungen von Betrieben mit dem Ziel, unter Selbstverwaltung zu produzieren, hat es historisch vereinzelt in verschiedenen Ländern gegeben. Zu einer breiteren Praxis wurden sie mit der Krise 2000/2001, als Arbeiter*innen in Argentinien damit begannen, ihre schließenden Betriebe zu besetzen. Die Besetzungen weiteten sich auch auf Uruguay, Brasilien und Venezuela aus. 2015 existierten in Argentinien etwa 360 RBA, in Brasilien 70, in Uruguay 22 und in Venezuela etwa 80 (Azzellini 2014; Chedid et al. 2013; Sardá/Novaes 2014; Rieiro 2015). Vereinzelte RBA entstanden auch in anderen lateinamerikanischen Ländern und Asien (Azzellini 2015; Azzellini/Ness 2012). Im Zuge der aktuellen Krise kamen in Argentinien fast 60 und in Venezuela etwa zwei Dutzend neue RBA hinzu. Auch in Italien, Frankreich, Griechenland, Bosnien, Kroatien, Tunesien sowie in den USA und in der Türkei entstanden einzelne RBA (Azzellini 2015). RBA sind in allen industriellen Sektoren entstanden (Metall, Textilien, Lebensmittel, Chemie und Baustoffe) sowie zunehmend im Dienstleistungsbereich (Gaststätten, Kliniken, Hotels und Transport) und im Bereich Medien (Azzellini [Hrsg.] 2015; Azzellini/Ness 2012).

Eine Reihe von Eigenschaften unterscheiden RBA von anderen selbstverwalteten Betrieben und von traditionellen Kooperativen. Die RBA bilden eine offensive Strategie in einer defensiven Situation. Anstatt zu resignieren, nehmen die Arbeiter*innen ihr Schicksal selbst in die Hand und zeigen eine Lösung auf. Ein zuvor hierarchisch-kapitalistisch organisierter Betrieb mit dem Primärziel, den Mehrwert zu steigern und abzuschöpfen, wird in einen demokratisch selbstverwalteten Betrieb verwandelt, in dem das Wohlergehen der Arbeiter*innen im Mittelpunkt steht. Ein RBA ist ein sozialer und ökonomischer Prozess. Es entstehen neuartige soziale Beziehungen und es verändert sich die Arbeitsweise. Das Privateigentum an Produktionsmitteln wird in kollektives soziales Eigentum umgewandelt. Die Form, in der dies geschieht, stellt das Privateigentum an Produktionsmitteln infrage. Die Produktion unter demokratischer Selbstverwaltung als Antwort auf den Angriff des Kapitals reaffirmiert die Identität der Arbeiter*innen als Arbeiter*innen, allerdings ohne Chef, während zugleich gezeigt wird, dass eine andere Art zu arbeiten möglich ist (CDER 2014; Chedid et al. 2013: 27, 30; Ruggeri 2014: 16).

Lokale Selbstverwaltung mittels direkter Demokratie als linke, sozialistische Perspektive im größeren Rahmen tauchte nach dem Fall des Realsozialismus erstmals in indigenem Kontext mit dem Kampf der Zapatistas in Chiapas (Mexiko) auf. Seitdem sind in verschiedenen Weltregionen ähnliche Ansätze der politischen Organisierung sozialistischer Gesellschaften als Föderationen von Kommunen zu finden. Ich beziehe mich hier vorwiegend auf Chiapas und Venezuela, sowie in geringerem Maße auf Guerrero, Oaxaca und Kurdistan.

Die neuen Praktiken lokaler Selbstverwaltung in Lateinamerika sind stark von indigenen Widerstandserfahrungen und Vorstellungswelten geprägt. Diese haben auf der einen Seite viel gemeinsam mit der sozialistischen Kommunentradition, die vor dem Aufkommen des Staatssozialismus als Vorstellung von Sozialismus hegemonial war, und andererseits mit dissidenten sozialistischen Strömungen wie Rätekommunismus, libertärem Sozialismus und Anarchosyndikalismus. Gustavo Esteva aus Oaxaca unterstreicht den »kommunitären Impetus« dem der Sozialismus entstammt. »Die Communitys erscheinen als eine Alternative, weil in ihnen die Einheit zwischen Politik und Ort wieder hergestellt wird und das Pueblo eine Form hat, in der es seine Macht ausüben kann, ohne sich dem Staat ergeben zu müssen.« (Esteva 2009)

In Kurdistan knüpft die Selbstverwaltung sowohl an lokale kommunitäre Traditionen wie auch an sozialistische Konzepte an. Die zuvor marxistisch-leninistische nationale Befreiungsbewegung PKK orientierte sich ab Ende der 1990er Jahre am demokratischen Konföderalismus von Bookchin. 2005 wurden die PKK und die zahlreichen Organisationen um sie herum reorganisiert als KCK, Assoziation der Communitys Kurdistans (Jongerden/Hamdi 2013). Es folgte der Aufbau von Rätestrukturen in Nordkurdistan (Türkisch-Kurdistan), die bis heute klandestin arbeiten. 2007 weiteten sich die klandestinen Rätestrukturen auf Westkurdistan (Nordsyrien) aus und wurden nach dem Kollaps der Regierungskontrolle ab 2011 öffentlich (Flach/Ayboğa/Knapp 2015; Jongerden/Hamdi 2013: 173).

Sozialutopische Antizipation (»Präfiguration«) statt Repräsentation

Neue globale Bewegungen, RBA und Kommunen produzieren Räume der sozialutopischen Antizipation.[32] Es sind Räume, wie sie ganz ähnlich von Ernst Bloch als »konkrete Utopie« (1973), von Walter Benjamin als »Jetztzeit« (1965), von David Harvey als »Räume der Hoffnung« (2000) und von John Holloway als »Risse im Kapitalismus« (2010) beschrieben werden. Da diese Praxis charakteristisch ist für viele der neuen Bewegungen, werden sie auch als präfigurative Bewegungen bezeichnet (Maeckelbergh 2011; Teivainen 2016; Van de Sande 2013). Teivainen (2016) schlägt vor, von »demokratischer Präfiguration« zu sprechen, da historisch auch religiöse, esoterische, völkische und faschistische präfigurative Bewegungen existiert haben.

Präfigurative Bewegungen erzeugen »in ihren aktuellen sozialen Beziehungen die Zukunft« (Sitrin 2006: 4). Die Mittel werden nicht dem Ziel untergeordnet. Es geht nicht um die Implementierung eines Programms, sondern um einen Prozess mit unklarem Ausgang und einer »inhärent experimentellen und empirischen

---

[32] Angesichts der Kritik, vor allem von Geograf*innen, allgemeine Interpretationen sozialer Kämpfe litten häufig an mangelnden empirischen Grundlagen (Arenas 2014: 434), beziehe ich mich zentral auf Aussagen, Praktiken und Vorstellungen der direkt Beteiligten. Auch die verwendete akademische Literatur stammt meist von Autor*innen, die an den Praktiken beteiligt waren oder sind. Ich habe seit 1997 wiederholt mehrere Monate in Chiapas in Autonomen Gemeinden geforscht. Auch in Guerrero und Oaxaca habe ich lokale Selbstverwaltungsstrukturen besucht und interviewt. In Venezuela habe ich von 2003 bis 2012 insgesamt über vier Jahre verbracht und mit Kommunalen Räten, Comunas, dem Nationalen Netzwerk der Kommunard*innen und Arbeiter*innen für Arbeiter*innenkontrolle gearbeitet und dazu geforscht. Ich habe diverse Occupies in den US besucht (vor allem OWS ab der dritten Woche) und mich 2013 mehrere Monate an der Stadtteilversammlung Occupy Kensington in Brooklyn, New York, beteiligt. Darüber hinaus habe ich Occupy London besucht und war seit 2011 mehrmals an verschiedenen Orten in den USA, Spanien und Griechenland, wo ich ebenfalls Interviews geführt habe.

Praxis« (Van de Sande 2013: 232). Der Zapatista-Slogan »Fragend gehen wir voran« drückt dieses Verhältnis aus.

Auf den besetzten Plätzen entstanden überall thematische Arbeitsgruppen, in denen diskutiert und politische Aktionen vorbereitet wurden, und kollektive Strukturen, um die zur Erhaltung des Camps notwendigen Arbeiten zu organisieren. Dazu gehörten zu Beginn Infrastruktur, Verpflegung, Sicherheit sowie juristischer Beistand. Die größeren Platzbesetzungen verwandelten sich in kleine Städte, es entstanden Bibliotheken, Kinderbetreuung, Übersetzungsdienste und Schulen, es wurden Zeitungen, Webseiten, Kunst und Kultur produziert und politische Proteste, Aktionen und Veranstaltungen organisiert. Die Angebote waren in der Regel alle kostenlos, es galt, dass Partizipation nicht an mangelnden finanziellen Mitteln scheitern dürfe. Die Räume waren »Commons insofern die internen Beziehungen nicht die des Warenaustauschs waren, ein anti-hierarchischer Ethos oder ›Horizontalität‹ überwogen, und grundlegende menschliche Bedürfnisse wie Sicherheit, Essen, Abfallbeseitigung, Gesundheit, Wissen und Unterhaltung selbstorganisiert waren« (Linebaugh 2014: 24). Alle Platzbesetzungen waren nach außen hin offen und verfügten über Strukturen, um Interessierte zu empfangen. Einige der Platzbesetzungen waren aber auch mit rassistischen Vorfällen, sexuellen Übergriffen, Störer*innen, psychisch Kranken, Drogenkonsum und Obdachlosen konfrontiert und mussten Weisen entwickeln, wie damit umgegangen werden konnte (Arenas 2014; Byrne 2012; Graeber 2012; Interview Lozada, 8.1.2012; Juris et al. 2012; Ressler 2012; Roos/Oikonomakis 2014; Sitrin/Azzellini 2014; Yörük 2014).

RBA sind dauerhafter angelegt als Platzbesetzungen und es besteht für die Beteiligten weniger die Möglichkeit, bei Unzufriedenheit einfach wegzugehen. Die direkte kollektive Verwaltung steht hier im Zentrum und es wird Zeit und Kraft darein investiert, eine andere Form der Arbeit zu praktizieren. RBA halten wesentlich häufiger Versammlungen ab als traditionelle Kooperativen (CDER 2014: 46). 88% der RBA in Argentinien führen regelmäßige Vollversammlungen durch, 44% davon wöchentlich (PFA 2010: 47). In Brasilien finden Vollversammlungen seltener statt, dafür wie auch in anderen RBA, regelmäßige Koordinationssitzungen; 75% der brasilianischen RBA verfügen zudem über Wandzeitungen, 43% über regelmäßige Abteilungsversammlungen und 11% über interne Publikationen (Chedid et al. 2013: 124). Ganz grundsätzlich gibt es in RBA keine Geheimisse und keine Repression, das heißt, es kann immer und überall über die RBA geredet werden – was auch geschieht.

Das Prinzip der Gleichheit betrifft in den meisten RBA auch die Bezahlung. Eine Untersuchung von 81 RBA in Argentinien ergab, dass 45 davon alle Beschäftigten gleich bezahlen, während bei weiteren 34 der Unterschied zwischen dem höchsten und niedrigsten Einkommen höchstens 33% beträgt (PFA 2010: 55-56). Die RBA in den USA, Italien, Frankreich, Griechenland und der Türkei zahlen ebenfalls gleiche Einkommen (Azzellini 2015). Das gilt auch für zehn RBA in Venezuela und zwei in Uruguay, die ich besucht habe. Nur in Brasilien liegen große Einkommensunterschiede vor. In 15 von 50 untersuchten RBA war das höchste Einkommen sogar fünf bis zehn Mal so hoch wie das niedrigste (Chedid et al. 2013: 128). Da dies kollektiv beschlossen wurde, wäre weitere Forschung zu den Ursachen interessant.

Die Kommunen stellen zweifelsohne die weitestgehende und komplexeste Form der Präfiguration dar. Der Aufstand der Zapatistas führte 1994 als Erstes zur Gründung von 32 »Rebellischen Autonomen Zapatistischen Landkreisen« (MAREZ), bestehend aus einer unterschiedlichen Anzahl Autonomer Gemeinden. Sie funktionieren mit Rätesystem und direkter Demokratie und koordinieren sich auf höheren Ebenen, d.h. unter den autonomen Gemeinden besteht eine Koordination in den autonomen Landkreisen, während diese wiederum auch miteinander koordiniert sind (Vergara-Camus 2014). Sie widmeten sich zunächst dem Aufbau von Bildungs- und Gesundheitsversorgung sowie der Koordination der Landwirtschaft und dem Austausch von Agrarprodukten untereinander. Parallel dazu entwickelten sie ein alternatives Justizsystem und widmeten sie sich dem Aufbau von Kooperativen. Die Zapatistas reklamieren »Autonomie«. Neben indigenen Einflüssen ist der Zapatismus von mexikanischen sozialrevolutionären Strömungen, autonomem Marxismus und Anarchismus beeinflusst (EZLN 2016; Muñoz 2004; Vergara-Camus 2014).

Das Beispiel der Zapatistas führte zur Ausrufung selbstverwalteter indigener Gemeinden in Oaxaca und Guerrero. Im Bundesstaat Oaxaca mit mehrheitlich indigener Bevölkerung gibt es eine starke Selbstverwaltung in ländlichen Gemeinden. In der gleichnamigen Hauptstadt Oaxaca verwandelte sich das Protestcamp einer Lehrergewerkschaft nach der brutalen Räumung durch die Polizei am 14. Juni 2006 in einen allgemeinen Aufstand. Polizei und Stadtverwaltung verließen die 600.000 Einwohner*innen zählende Stadt, die von Tausenden von Barrikaden geschützt wurde. Bis zur Erstürmung durch Sondereinheiten der Polizei Ende Oktober wurden Alltag und politische Aktionen von der Bevölkerung selbst und mittels der neu gegründeten Popularen Versammlung der Völker Oaxacas (APPO) organisiert. Die APPO war eine Koordination von Sprecher*innen von über 300 politischen und sozialen Organisationen und Gruppen von Landarbeiter*innen, Studierenden, indigenen Gruppen und Nachbarschaften. Der indigene Erfahrungsschatz stellte ein bedeutendes Element in der »Kommune von Oaxaca« dar. Zugleich aber ereignete sich der Aufstand in der Stadt, wo die Bevölkerung mehrheitlich nicht indigen ist (Arenas 2014; Beas Torres 2007; Esteva 2009; 2010).

In Venezuela entstand die lokale Selbstverwaltung ab 2004 von unten durch linke Basisorganisationen in urbanen und ländlichen Regionen. 2005 griff die Regierung, auf Initiative von Präsident Hugo Chávez, den Ansatz der Kommunalen Räte auf. Diese bestehen in den Städten aus 150 bis 400 Wohneinheiten und in ländlichen Regionen aus mindestens 20. Ihre Struktur existiert parallel zu den Institutionen der repräsentativen Demokratie und ist diesen nicht unterworfen. Die Räte arbeiten als direktdemokratische Nachbarschaftsversammlungen mit verschiedenen thematischen Komitees, in denen Projekte für die Community erarbeitet werden. Sie widmen sich Infrastrukturprojekten, Gesundheitsversorgung, Bildung, Sport, Kultur, Medien und zunehmend dem Aufbau kollektiv betriebener produktiver Projekte (Azzellini 2010: 261-299).

Ab 2007 entstanden *comunas* als Zusammenschlüsse von Kommunalen Räten und anderer im Territorium präsenter Basisorganisationen. Die Entscheidungen werden weiterhin in den Kommunalen Räten getroffen, die ihre Sprecher*innen entsenden. Eine gesetzliche Regelung für die *comunas* folgte 2012 (Azzellini 2013). Im März 2016 existierten in Venezuela 45.749 Kommunale Räte und 1.500 *comunas*.[33] Diese erhalten jährlich bis zu sechs Milliarden US-Dollar an staatlicher Finanzierung. Der Mechanismus der Bildung von *comunas* ist flexibel gestaltet. Die Beteiligten definieren selbst, welche gemeinsamen Projekte sie entwickeln und welche Aufgaben sie übernehmen. Das erleichtert den Organisierungsprozess und ermöglicht ein organisches Wachstum, doch ist die starke Überlagerung der kommunalen selbstorganisierten Räume mit dem staatlich-administrativen Raum Ursache häufiger Konflikte (Azzellini 2013; 2014). Die Räte klagen aber über Kooptationsversuche aus Institutionen und Politik, langwierige und intransparente bürokratische Verfahren in der Interaktion mit Institutionen sowie über Korruption und ein fehlerhaftes Management innerhalb der staatlichen Institutionen (Azzellini 2010: 310ff., 345ff.; Sitrin/Azzellini 2014: 240ff.).

Der kommunale Sozialismus im Aufbau nährt sich aus kommunistischen und anarchistischen Einflüssen ebenso wie aus popularen, indigenen und afro-amerikanischen Erfahrungen (Azzellini 2013). So nennen die afro-venezolanischen Communitys in der Region Barlovento ihre *comunas* »*cumbes*«, wie die einst selbstverwalteten freien Siedlungen von Ex-Sklav*innen in der Region. Die Schaffung von kommunalen Produktions- und Konsumkreisläufen, kombiniert mit Rätestrukturen verschiedener Art auf unterschiedlichen Ebenen, als Transition zum Sozialismus, geht stark auf István Mészáros (1995) zurück und ist von der kritischen Geografie beeinflusst, vor allem von Doreen Masseys Arbeit zu ungleichen und antidemokratischen Machtgeometrien (2009).

---

[33] Vgl. Ministerio del Poder Popular para las Comunas y los Movimientos Sociales: http://consulta.mpcomunas.gob.ve/.

Die präfigurative Praxis der neuen globalen Bewegungen wird häufig als Strategielosigkeit kritisiert (Dean 2013; Demirovic 2014; Porcaro 2013; Roberts 2012; Wainwright 2012b). Dabei wird davon ausgegangen, Strategie definiere klare Wege und Ziele und bedürfe einer vertikalen Organisierung, während Präfiguration kulturell und unorganisiert sei (Maeckelbergh 2011: 4-7). Letzteres lässt sich empirisch nicht bestätigen. Die präfigurativen Praktiken der neuen globalen Bewegungen, RBA und Kommunen, zeichnen sich dadurch aus, dass es sich nicht um einen Rückzug handelt, um nach eigenen Vorstellungen zu leben, wie in einigen präfigurativen Bewegungen seit den 1960ern. Im Gegenteil, die Bewegungen machen Kapital und Staat Orte und Räume streitig und eignen sie sich an. Luca Federici vom RBA RiMaflow in Mailand nennt das »konfliktive Selbstverwaltung« (Azzellini/Ressler 2014). »Präfigurative Strategie beinhaltet zwei grundlegende Praxen: Die der Konfrontation mit den existierenden politischen Strukturen und Entwicklung von Alternativen – keine von beiden könnte ohne die andere die erwünschten strukturellen Veränderungen erzielen« (Maeckelbergh 2011: 15).

Gemeinsame Aspekte der Raumproduktion

Das Streben nach Autonomie und direkter Demokratie gehört zu den zentralen Gemeinsamkeiten in der Raumproduktion von Platzbesetzungen, RBA und Kommunen. Um etwas Neues produzieren zu können und nicht kooptiert zu werden oder vorhandene Formen zu reproduzieren, werden die Räume möglichst freigehalten von Einflüssen durch Staat und Kapital. Die Entscheidungsfindung mittels partizipativer und direkter Demokratie trägt entscheidend dazu bei, einen Raum für alle zu schaffen, den auch alle gleichberechtigt mitgestalten (Sitrin/Azzellini 2014: 134, 158-163). Die demokratische Entscheidungsfindung ist dabei gleichermaßen Weg und Ziel (Maeckelbergh 2011: 6-11; Polletta 2002: 199; Teivainen 2016: 25). Durch Inspirationen, Kontakte und Netzwerke erfolgt eine kulturelle und räumliche Konfiguration, welche die verschiedenen Praktiken zusammenbringt und eine Strategie hin zu einer neuen Art der politischen Organisierung erkennen lässt, deren Prinzipien und Ziele sich in den Praktiken wiederspiegeln.

Ein Raum Jenseits des Staates

Der von Plätzen, RBA und Kommunen produzierte Raum ist wesentlich ein Raum jenseits des Staates und seiner Organisationsformen. Angesichts der Machtasymmetrie zugunsten der konstituierten Macht kann nur so etwas Neues entstehen, ohne dem Druck zu erliegen, die von Staat und Kapital vorgegebenen Formen zu übernehmen. Plätzen, RBA und Kommunen ist daher ein Streben nach Autonomie gemeinsam. Autonomie meint Prioritäten selbst zu bestimmen und Entscheidungen ohne den Druck anderer Akteure zu treffen. Das eigene Projekt steht im Mittelpunkt, nicht Staat oder Kapital. Die Ausgangsbasis sind die eigenen Wünsche und Bedürfnisse, nicht der Rahmen, der von anderen Akteuren vorgegeben wird (Azzellini 2013; Interview Antillano, 20.4.2008; Jongerden/Hamdi 2013; Muñoz 2003; Sitrin/Azzellini 2014: 32ff.)

Autonomie bedeutet aber nicht, jede Interaktion mit staatlichen Institutionen zwangsläufig abzulehnen. Je dauerhafter eine Praxis angelegt ist und je mehr Räume sich mit der eigenen Raumproduktion überlagern, desto unausweichlicher ist eine Interaktion. Auch die Platzbesetzungen interagierten mit Behörden und Institutionen. RBA sind noch viel mehr auf Interaktion angewiesen. Sie müssen einen juristischen Prozess (Schließung des Betriebes und Entlassung) in einen politischen Prozess verwandeln. Dafür ist meist an irgendeiner Stelle die Intervention staatlicher Institutionen notwendig. Ein Großteil der RBA in Argentinien, Brasilien, Uruguay und Venezuela und die beiden Fabriken in Frankreich haben eine staatliche Intervention erlebt, von der Enteignung der Ex-Eigentümer*innen bis zu direkten Finanzierungen oder Bürgschaften. Doch bezüglich ihrer Diskussionen, Entscheidungen und Ziele behalten sich alle RBA ihre Autonomie vor (Azzellini 2013; 2014; 2015; Chedid et al. 2013; PFA 2010: 71; Rieiro 2015).

Im Falle der lokalen Selbstverwaltung beginnt die Autonomie damit, dass von Chiapas über Venezuela bis Kurdistan die Bewohner*innen der Communitys von der kleinsten Einheit bis zur Kommune das Bezugsterritorium und die Zugehörigkeit selbst festlegen (Azzellini 2013; Flach/Ayboğa/Knapp 2015; Interview Abel Februar 1998; Muñoz 2004). Die Kommunen beziehen sich auf den (relationalen) sozio-kulturell-ökonomischen Raum, der sich aus dem Alltag ableitet und nicht auf den bestehenden politisch-administrativen Raum (Harvey 2006: 119-148). Die beiden Räume überlagern sich und ihr Verhältnis ist meist von Konflikt geprägt. Während in Mexiko und in Kurdistan aufgrund der Konflikt- beziehungsweise Kriegssituation eine Interaktion mit dem Staat (oder mit Staaten im Falle Kurdistans) jenseits des Konflikts kaum existiert, fordern und erhalten Kommunale Räte und *comunas* in Venezuela finanzielle Unterstützung vom Staat. Sie sehen den Zugriff auf den gesellschaftlich produzierten Reichtum als ein Recht an, bestehen aber gegenüber staatlichen Institutionen und Parteien auf ihrer Autonomie. In der Durchsetzung ihrer Vorstellungen und Entscheidungen geraten sie häufig in Konflikt mit staatlichen Institutionen, die nicht effektiv arbeiten beziehungsweise eigene Prioritäten durchsetzen oder die Selbstverwaltungsstrukturen kooptieren wollen (Azzellini 2013; 2014). Auch aus diesem Grund sehen die meisten *comunas* eine sozio-produktive Entwicklung als notwendig an, um nicht mehr auf den Staat angewiesen zu sein (Azzellini 2013; 2014; Azzellini/Ressler 2010; Interview Figuera, 11.2.2012; Interview Jiménez, 14.2.2012).

Der Selbstorganisierung wird in der Regel mit Gewalt begegnet, wenn sie die Hoheit des Staates und das Privateigentum allgemein praktisch in Frage stellt. Die Plätze wurden gewaltsam geräumt, wenn sie nicht zuvor verlassen wurden. RBA müssen sich Räumungsversuchen der Polizei und zum Teil auch der Gewalt der Ex-Eigentümer*innen widersetzen. Auf die lokalen Selbstverwaltungen reagiert der Staat – außer in Venezuela – immer mit Repression (Azzellini 2013; 2014; Flach/Ayboğa/Knapp 2015: 283-315; Gasparello 2009; Interview Abel Februar 1998; Jongerden/Hamdi 2013: 170; Muñoz 2004).

Die Erklärung des Basisaktivisten und Soziologen Andrés Antillano aus Caracas zu Venezuela beschreibt auch das gängige Verhältnis der neuen globalen Bewegungen, RBA und Kommunen zum Staat und seinen Institutionen: »Wir haben immer gesagt, dass wir vorwärts schreiten müssen im Aufbau einer neuen Gesellschaft, mit dem Staat, ohne den Staat, gegen den Staat. Das heißt das Verhältnis mit dem Staat definieren nicht wir, sondern es wird von der Bereitschaft des Staates definiert, sich den Interessen des Pueblo[34] unterzuordnen.« (Interview Antillano, 20.4.2008)

Demokratische Entscheidungsfindung und Raumproduktion
Die Raumproduktion von Platzbesetzungen, RBA und Kommunen ist durch horizontale und konsensuale Demokratie geprägt. Die Entscheidungsfindung als kollektiven Prozess zu organisieren stärkt Kooperation und Vertrauen. Einfache Mehrheitsentscheidungen hingegen produzieren sich gegenüberstehende Lager. Im Falle eines gemeinsamen Projekts ist aber entscheidend, dass es möglichst breit getragen wird. Die Mechanismen der Entscheidungsfindung sind somit zentral für die Raumproduktion. Die »räumlichen Dynamiken der Besetzung in einer Zelt-Stadt machen das Zusammenleben zur Notwendigkeit. Dies nährt die verschiedenen Stile partizipativer Politiken der Versammlung, welche ein kreatives Mittel bietet, Konfrontation in Kooperation zu verwandeln« (Arenas 2014: 435). Die Versammlung steht bei Platzbesetzungen wie auch in RBA und Kommunen im Mittelpunkt. Sie ist nicht wie in der liberalen Demokratie der Ort der Ideenkonkurrenz, sondern des kollektiven Denkens und des Aufbaus. Wie Ayelen aus Madrid erläutert: »Es ist nicht so, dass jeder etwas anderes denkt und wir das alles zusammenwerfen. Es geht darum, von Anfang an zusammen etwas aufzubauen, das es vorher nicht gegeben hat [...]. Es geht nicht um Überzeugen, sondern darum gemeinsam aufzubauen.« (Interview Lozada, 8.1.2012) In der gleichen Situation sind auch RBA und Kommunen. Im Betrieb oder in der Nachbarschaft ist die Notwendigkeit des Zusammenlebens existenzieller als auf den Plätzen (Azzellini 2015; Azzellini/Ressler 2010; Muñoz 2004; Sitrin/Azzellini 2014).

---

[34] Volk. Hier allerdings im Sinne von »popular« wie bei Gramsci mit einer klaren Klassendimension.

Konsens bedeutet für gewöhnlich nicht Einstimmigkeit, sondern verweist auf einen Prozess, in dem alle Stimmen zu Gehör kommen und auf eine gemeinsame Position hingearbeitet wird. Dafür braucht es zunächst einmal Zeit. Es kommen aber auch zahlreiche Instrumente zum Einsatz, vor allem auf den Plätzen: Moderation, Redelisten mit unterschiedlichen Quotierungen, Redezeitbeschränkungen, Zusammenfassungen, Handzeichen, um Stimmungen auszudrücken und Ablehnung, die keine Beschlüsse blockiert. Auf manchen Plätzen, wie etwa in Madrid, führte ein dogmatisches Beharren einiger Teilnehmer*innen auf völligem Konsens öfters zur Entscheidungsunfähigkeit. Die konsensuale Entscheidungsfindung ist zentral, um den Raum zu erzeugen, der die breite Partizipation ermöglicht, zugleich kann sie aber auch blockierend wirken. Dies war jedoch seltener ein Problem, als die Kritik suggeriert (Harvey 2012: 156; Teivainen 2016). Entscheidungen wurden auf vielen Plätzen mit überwältigenden Mehrheiten getroffen, einige führten auch Sprecherräte ein (Sitrin/Azzellini 2014: 135ff., 173f.).

In RBA wird meist versucht, einen Konsens zu erzielen. Kleinere Betriebe entscheiden in Argentinien nach dem Konsensprinzip (Interview Ruggeri, 15.1.2015), ebenso die RBA in Europa (Azzellini 2015b). In Venezuela kann ich dies für zehn und in Uruguay für zwei kleinere Betriebe, die ich besucht habe, bestätigen. In Brasilien scheint es ähnlich zu sein, allerdings lassen die Daten keine endgültigen Schlüsse zu. In größeren Betrieben wird zwar auch meist konsensual diskutiert, aber häufiger durch große Mehrheiten entschieden (Chedid et al. 2013: 114-132; Interview Ruggeri, 15.1.2015).

In der lokalen Selbstverwaltung in Venezuela (Azzellini 2010: 271-300; Azzellini/Ressler 2010; Interview Jiménez, 12.2.2012) wie auch in Chiapas (Interview Abel Februar 1998; Muñoz 2004) wird auf Konsens hin diskutiert. »Nicht die Demokratie, die erdrückt, wo es einen Besiegten und einen Sieger gibt«, werde praktiziert, so Rafael Falcón in einem Workshop zur Gründung kollektiver Betriebe einer *comuna* in Caracas, »sondern eine Konsensdemokratie, wo wir uns alle in den Entscheidungen wiederfinden können« (Azzellini/Ressler 2010). Über einzelne Entscheidungen wird auch abgestimmt, aber selten mit einfacher Mehrheit entschieden. In RBA wie auch in den lokalen Selbstverwaltungen werden Räte, Sprecher*innen, Koordinator*innen, und Verantwortliche gewählt. Sie haben meist keine (oder nur limitierte) Entscheidungsgewalt und können von der Basis wieder abgesetzt werden. Dies hat sich in den Selbstverwaltungsstrukturen in Venezuela (Azzellini 2013), Chiapas (EZLN 2016, Vergara-Camus 2014) und Guerrero (Gasparello 2009) bewährt.

Netzwerke und räumliche Konfigurationen
Die demokratische Selbstverwaltung erzeugt neue soziale Beziehungen, die von Kooperation, Solidarität und gegenseitiger Unterstützung geprägt sind. Die Gemeinsamkeiten zwischen verschiedenen Orten und unterschiedlichen Praktiken haben nicht nur ideellen Charakter. Es wird gegenseitig aufeinander Bezug genommen und es existieren direkte Kontakte zwischen Beteiligten (Roos/Oikonomakis 2014: 128ff.; Sitrin/Azzellini 2014). Durch die Verknüpfung anhand von Netzwerken entstehen kulturelle und räumliche Konfigurationen (Escobar 2001; Routledge 2015). Zwischen den Plätzen in Madrid und Kairo bestanden Videoübertragungen; Occupy Gezi lehnte sich schon im Namen an Occupy an; Platzbesetzer*innen aus Spanien waren an Occupy in den USA beteiligt; Athen grüßte Madrid und 15-M und Occupy-Aktivist*innen besuchten Paris.

Occupy Chicago unterstützte die Arbeiter*innen der RBA »New Era Windows & Doors« bei der Besetzung, blockierte eine mögliche Räumung und versorgte die eingeschlossenen Arbeiter*innen mit Lebensmitteln (Lydersen 2018). Für die RBA Kazova in Istanbul war die Unterstützung durch Occupy Gezi und die daraus entstandenen Stadtteilversammlungen entscheidend (Azzellini 2015). New Era hatte auch Arbeiter*innen aus argentinischen RBA zu Besuch, ebenso eine Mehrheit der RBA in Europa (ebd.). Dimitris Koumatsioulis, Arbeiter der RBA Vio. Me in Thessaloniki, Griechenland, berichtet: »Selbstverständlich hatten wir auch die Genossen aus den argentinischen Fabriken hier, wir haben lange Diskussionen geführt und sie haben uns geholfen, unseren Horizont zu erweitern und unsere Stimmung zu heben. Selbstverständlich haben sie uns auch von allen Schwierigkeiten berichtet [...] und wer uns alles bekämpfen wird.« (Azzellini/Ressler 2015a)

Zwischen italienischen und griechischen RBA und Bewegungen bestehen direkte Verbindungen, Besuche und ein Austausch über Kampfformen (Vogiatzoglou 2015: 24f.). Die Solidarität unter RBA ist generell groß. 82,3 % der argentinischen und 71 % der brasilianischen RBA haben von anderen RBA Unterstützung erhalten (Azzellini 2015; Chedid et al. 2013: 161ff.; PFA 2010: 80). In Argentinien, Brasilien, Uruguay und Venezuela existieren landesweite Organisationen und Netzwerke, in denen die RBA zusammenkommen. Darüber hinaus besteht auch eine internationale Vernetzung von RBA.

Die meisten RBA bilden Netzwerke mit anderen Bewegungen sowie mit sozialen und politischen Organisationen. In Argentinien stellt mehr als die Hälfte der RBA permanent Raum für andere Initiativen zur Verfügung (Ruggeri 2010). In Europa sind alle RBA mit anderen Bewegungen verknüpft (Azzellini 2015; Kokkinidis 2015). RiMaflow in Mailand ist lokal verankert, unterstützt Arbeitskämpfe in der Umgebung und steht darüber hinaus mit sozialen Bewegungen in Italien und international in Kontakt. RiMaflow ist Teil des Comunia-Netzwerkes, das den RBA mit besetzten Bauernhöfen, einem besetzten Park, besetzten sozialen Zentren und solidarökonomischen Akteuren zusammenbringt. Zwischen ihnen bestehen soziale, politische und auch ökonomische Beziehungen. In Venezuela bestehen enge Verbindungen zu Kommunalen Räten und *comunas*. In einigen Fällen kam es zu gemeinsamen Besetzungen (Azzellini 2017a).

Auf internationaler Ebene bestehen ein gegenseitiges Anerkennen, Bezugnahme, Erfahrungsaustausch und gelegentlich Kooperation. Es ist aber keine internationale Koordination, neue Internationale oder Einheitsfront. Kooperation und Koordination findet wesentlich auf lokaler, regionaler und nationaler Ebene statt.

Die Kommunen in Chiapas, Venezuela und Kurdistan verstehen sich explizit als antikapitalistisch (Azzellini 2013; Jongerden/Hamdi 2013: 172; Muñoz 2004). In allen werden kollektive und selbstverwaltete Arbeits- und Produktionsformen aufgebaut. Die produktiven Projekte der *comunas* in Venezuela verfolgen die Intention, die Produktionsverhältnisse zu transformieren und das kapitalistische Wirtschaftsmodell zu überwinden (Interview Jiménez 12.2.2012). Für Chiapas trifft dies ebenfalls zu. Die Koordination des landwirtschaftlichen Anbaus und des Vertriebes der Produktion dient dort auch einem Ausgleich von räumlichen Ungleichheiten (EZLN 2016). Auch in Rojava, der kurdischen Region auf syrischem Staatsgebiet, wird seit 2012 und vor allem seit 2014 verstärkt der Aufbau von Kooperativen in allen Bereichen gefördert (Flach/Ayboğa/Knapp 2015: 251ff.). In Venezuela sind die *comunas* seit 2010 dazu übergegangen, sogenannte Unternehmen Kommunaler Sozialer Produktion (EPSC) zu gründen. Dabei handelt es sich um Kooperativen, die von den Arbeiter*innen und der *comuna* verwaltet werden (Azzellini 2013; Interview Jiménez, 12.2.2012).

Schlussbemerkung

Alltagspolitik wird an konkreten Orten praktisch. Die Makrobedingungen des Kapitals strukturieren den Raum und reproduzieren sich an jedem Ort. Politische Entscheidungen werden an konkreten Orten zur Realität – und ebenso auch der Widerstand (Harvey 1995). Die Platzbesetzungen sind ein Jetztzeit-Fenster der neuen globalen Bewegungen. In ihnen konzentrieren und potenzieren sich Praktiken, Produktion und Werte, die für die neuen Bewegungen prägend sind (Arenas 2014; Ressler 2012; Roos/Oikonomakis 2014; Sitrin/Azzellini 2014). RBA und Kommunen können wiederum als Ausübung der Prinzipien der Platzbesetzungen als dauerhaftes Projekt im konkreten Alltag angesehen werden. Das Potenzial dieser Praktiken liegt auch darin, dass sie sich durch die massive Partizipation von Personen auszeichnen, die zuvor nicht an sozialen und politischen Mobilisierungen beteiligt waren. Alle Quellen, ganz gleich ob zu Argentinien, Ägypten, Griechenland, Spanien, der Türkei, Venezuela oder den USA, unterstreichen ganz wesentlich die – den Kontexten entsprechende – soziale, politische, ethnische und so weiter Breite der Beteiligung (Arenas 2014; Azzellini 2015b; Byrne 2012; Graeber 2012; Roos/Oikonomakis 2014; Sitrin/Azzellini 2014; Yörük 2014).

Die jüngste Platzbewegung, die am 31. März 2016 in Paris begann und sich in kürzester Zeit auf über 50 Städte in Frankreich ausdehnte, wurde ausgelöst durch Proteste gegen die Reform der Arbeitsgesetzgebung. Die Besetzungen waren »in sehr ähnlicher Weise wie die der 15-M-Bewegung in Spanien strukturiert, mit partizipativen Entscheidungsstrukturen und in der Überzeugung, dass in einem demokratischen Prozess Menschen viel mehr zu sagen haben sollten. Es ist das organisierte Chaos, mit kostenlosem Essen, professionellen Sound-Systemen, einer Webseite, Live Streaming und einem Medien-Zelt, aber mit niemandem, der die Leitung hat« (Cossar-Gilbert 2016). Die Bewegung »nuit debout« kam den von langer Hand geplanten Gewerkschaftsprotesten zuvor. Die Gewerkschaften wurden gezwungen mitzuziehen. Zugleich aber ging in Frankreich die Ausweitung der Kämpfe und die Zusammenarbeit der neuen Mobilisierungen und traditioneller Akteure (vor allem Gewerkschaften) weiter als in anderen vorangehenden Bewegungen (Syrovatka 2016).

Den Platzbesetzungen, RBA und Kommunen gelingt es, das hegemoniale räumliche Vorstellungsdenken zu überwinden und umzuformulieren. Dafür sind Autonomie und die demokratische Entscheidungsfindung zentral. In den neu geschaffenen Räumen erfolgt eine Freisetzung menschlicher Kreativität. Die Vielfalt der Initiativen und Debatten auf den Plätzen zeugt genauso davon wie die Vielfalt der Aktionen, die von ihnen ausgingen (Sitrin/Azzellini 2014). Was auf den Plätzen im Kleinen geschieht, ereignet sich in der lokalen Selbstverwaltung im größeren Maßstab. Zahlreiche Initiativen entstehen. Zuvor unmögliche Vorhaben werden angegangen und realisiert, von Bildung und Gesundheitsversorgung über die Gründung von kollektiven Betrieben und Medien bis zu Not- und Verteidigungsmaßnahmen, die es ermöglichen, stärkeren Feinden zu widerstehen (Azzellini 2013; Flach/Ayboğa/Knapp 2015; Klein 2015; Muñoz 2004; Vergara-Camus 2014). In den Betrieben unter Arbeiter*innenkontrolle ist ebenfalls ein »großes Freilassen menschlicher kreativer Energie« (Wallis 2012: 21) zu beobachten. Es werden Produktionsprozesse verbessert, neue Produkte erfunden, Ersatzteile selbst hergestellt, neue Arbeiten erlernt und kulturelle Aktivitäten integriert (Azzellini 2014; 2015; Azzellini/Ressler 2014; 2015a; 2015b; CDER 2014; PFA 2010).

Die Bewegungen, um die es hier geht, haben ihre Fähigkeit gezeigt, die Kapitalakkumulation zu stoppen (Harvey 2014: 3), indem sie Räume produzieren, die nicht vom Kapital geformt sind und in denen die Gesetze des Kapitals nicht oder nur bedingt gelten. Der Metabolismus des Kapitals (Mészáros 1995) wird von Platzbesetzungen, RBA und Kommunen in unterschiedlicher Weise und in unterschiedlichem Ausmaß gestört und außer Kraft gesetzt. Dies bedeutet nicht, dass dadurch alle kapitalistischen Verhältnisse überwunden würden. Kapitalismus ist ein soziales Verhältnis und damit nicht durch einzelne »Maßnahmen« zu beseitigen. Das Kapital ist auf die Strukturierung des Raumes zur Sicherstellung der Umschlagszeiten für die Reproduktion des Kapitals und seine Akkumulation angewiesen. Dies wird von den Bewegungen in den entsprechenden Kontexten verlangsamt beziehungsweise außer Kraft gesetzt.

Auf den Plätzen bestanden soziale Beziehungen, welche die Kapitalakkumulation außer Kraft gesetzt haben. Die sozialen Beziehungen auf den Plätzen basierten nicht auf den Regeln der Kapitalakkumulation. Das bedeutet nicht, dass sie die Kapitalakkumulation in der Gesellschaft oder global außer Kraft gesetzt oder gar den Kapitalismus überwunden hätten. Die RBA funktionieren im Kapitalismus, ohne sich nach allen seinen Regeln zu richten. Sie produzieren für gewöhnlich, ohne Kapitalakkumulation zu betreiben und sich auf die Erhöhung des Mehrwerts zu konzentrieren – was nicht verhindert, dass sie mit dem kapitalistischen Markt in Interaktion treten und dort bestehen müssen.

»Wir nehmen jeden Monat einen Teil unserer Arbeitszeit und investieren sie in den Kampf, zur Unterstützung anderer Kämpfe. Gemäß der kapitalistischen Logik ist das verlorene Zeit«, so Ernesto Gónzalez, Direktor des RBA Druckerei Chilavert, Buenos Aires (Interview Gónzalez, 13.2.2015). Eine Haltung, die nicht unüblich ist in RBA. Die RBA zeigen die konkrete Möglichkeit auf, eine andere Form der Ökonomie aufzubauen. Trotz widriger Bedingungen haben sie eine längere Lebensdauer als herkömmliche Betriebe. Von 205 RBA, die 2010 in Argentinien untersucht wurden, schlossen bis Ende 2013 nur sechs ihre Pforten (CDER 2014: 10, 13). Dabei bleiben die RBA – in Argentinien, Brasilien und Uruguay – ihren Prinzipien der Gleichheit und der demokratischen Selbstverwaltung treu (Chedid et al. 2013; Ozarow/Croucher 2014: 990; Rieiro 2015). In Chiapas, Guerrero, Kurdistan und Venezuela ist zu sehen, wie unterschiedliche Erfahrungen der Selbstverwaltung zu einem alternativen antikapitalistischen Gesellschaftsmodell zusammengeführt werden.

Die Gemeinsamkeiten, Verbindungen und Bezüge zwischen neuen globalen Bewegungen, RBA und Kommunen lassen den Schluss zu, sie einer geteilten nicht-staatszentrierten Transformationsstrategie zuzuordnen. In ihren kulturellen und räumlichen Konfigurationen stellen die Bewegungen diese Zusammenhänge auch selbst her. Ebenso lässt sich feststellen, dass Platzbesetzungen, RBA und Kommunen keine vorrübergehenden Erscheinungen sind – Letztere haben sich in den vergangenen Jahren weiter verbreitet und konsolidiert, während sich neue massive Platzbesetzungen an neuen Orten ereignet haben.

Wie Spanakos (2016) aus der Perspektive der komparativen Politikwissenschaften bezüglich der partizipativen Praktiken der Linksregierungen in Lateinamerika und der Platzbesetzungen bemerkt: Auch wenn eine Institutionalisierung nicht sofort erkennbar sei, könne nicht behauptet werden, es sei nicht zumindest damit begonnen worden, eine neue Ordnung zu errichten, deren institutionelle Form noch nicht festgelegt wurde und auch nicht auf traditionellem Wege festgelegt werden wird.

Literatur

Alas Uruguay (2014): Nace la Nueva Aerolínea del Uruguay. PPP. Zur Verfügung gestellt von Alas Uruguay Gründungsmitglied Mauro Carugo Luzardo, 3. März 2015.

Alas Uruguay (2015): Uruguay cada vez más cerca de tener alas (Juni); www.alasuruguay.com.uy/news/#lp-pom-box-483 (20.9.2015).

Albert, Michael (2006): Parecon. Leben nach dem Kapitalismus, Frankfurt a.M.

Alexander, Anne/Bassiouny, Mostafa (2014): Bread, Freedom, Social Justice. Workers and the Egyptian Revolution, London.

Ali, Khalid (2012): Precursors of the Egyptian Revolution. In: IDS Bulletin. The Pulse of Egypt's Revolt 43(1), 16-25.

Arenas, Iván (2014): Assembling the multitude: Material geographies of social movements from Oaxaca to Occupy. In: Environment and Planning D: Society and Space 32, 433-449.

Azzellini, Dario (2010): Partizipation, Arbeiterkontrolle und die Commune: Bewegungen und soziale Transformation am Beispiel Venezuela, Hamburg.

Azzellini, Dario (2012a): From Cooperatives to Enterprises of Direct Social Property in the Venezuelan Process. In: Piñeiro Harnecker, Camila (Hrsg.): Cooperatives and Socialism. A View from Cuba, Basingstoke, 259-278.

Azzellini, Dario (2012b): Arbeiterkontrolle unter der Bolivarianischen Revolution in Venezuela. In: Azzellini/Ness (Hrsg.) (2012), 480-502.

Azzellini, Dario (2013): The Communal System as Venezuela's transition to Socialism. In: Shannon K. Brincat (Hrsg.): Communism in the 21st Century, Vol. II: Whither Communism? The Challenges Facing Communist States, Parties and Ideals, Westport.

Azzellini, Dario (2014): Venezuela's social transformation and growing class struggle. In: Spronk, Susan/Webber, Jeffery R. (Hrsg.): Crisis and Contradiction: Marxist Perspectives on Latin America in the Global Economy, Leiden, 138-162.

Azzellini, Dario (2015): Contemporary Crisis and Workers' Control. In: Azzellini (Hrsg.) (2015), 67-99.

Azzellini, Dario (2017a): Communes and Workers' Control in Venezuela: Building 21st Century Socialism from Below, Leiden.

Azzellini, Dario (2017b): Class Struggle in the Bolivarian Process: Workers' Control and Workers' Councils. In: Latin American Perspectives. 44(1): 126-139.

Azzellini, Dario (Hrsg.) (2015): An Alternative Labour History. Worker Control and Workplace Democracy, London/New York.

Azzellini, Dario/Ness, Immanuel (Hrsg.) (2012): Die endlich entdeckte politische Form. Fabrikräte und Selbstverwaltung von der russischen Revolution bis heute, Köln.

Azzellini, Dario/Ressler, Oliver (2006): 5 Fabriken – Arbeiterkontrolle in Venezuela (Film), Caracas/Berlin/Wien, 72 min.

Azzellini, Dario/Ressler, Oliver (2010): Comuna im Aufbau (Film), Caracas/Berlin/Wien, 94 min.

Azzellini, Dario/Ressler, Oliver (2014): Occupy, Resist, Produce – RiMaflow (Film), Berlin/Wien, 34 min.

Azzellini, Dario/Ressler, Oliver (2015a): Occupy, Resist, Produce – Vio. Me. (Film), Berlin/Caracas/Wien, 31 min.

Azzellini, Dario/Ressler, Oliver (2015b): Occupy, Resist, Produce – Officine Zero (Film), Berlin/Caracas/Wien, 33 min.

Beas Torres, Carlos (2007): La batalla por Oaxaca. In: Carlos Beas Torres (Hrsg): La batalla por Oaxaca, Oaxaca, 21-79.

Benjamin, Walter (1965): Geschichtsphilosophische Thesen. In: Ders.: Zur Kritik der Gewalt und andere Aufsätze. Frankfurt a.M., 78-94.

Bennholdt-Thomsen, Veronika/Mies, Maria (2001): Defending, Reclaiming and Reinventing the Commons. In: Canadian Journal of Development Studies. 22(4): 997-1023.

Biehl, Janet/Bookchin, Murray (1997): The Politics of Social Ecology: Libertarian Municipalism, Montreal.

Blicero (2013): Dalle Ceneri Alla Fabbrica: Storia Di Imprese Recuperate. In: La Privata Repubblica. 24.10.; www.laprivatarepubblica.com/dalle-ceneri-alla-fabbrica-storiadi-imprese-recuperate/ (14.4.2014).

Bloch, Ernst (1973): Das Prinzip Hoffnung, 3 Bde., Frankfurt a.M.

Bollier, David/Helfrich, Silke (Hrsg.) (2012): The Wealth of the Commons: A World Beyond Market & State, Amherst, MA.

Bonnet, Alberto (2014): The idea of councils runs through Latin America. In: South Atlantic Quarterly. 113(2): 271-283.

Bookchin, Murray (1992): Urbanization without Cities: The Rise and Decline of Citizenship, Montreal.

Bookchin, Murray (2015): The Next Revolution: Popular assemblies and the promise of direct democracy, London/New York.

Borrits, Benoît (2014a): De Pilpa à La Fabrique du Sud: Association Autogestion. 30.1. www.autogestion.asso.fr/?p=3884 (14.4.2014).

Borrits, Benoît (2014b): Victoire des Fralib: une nouvelle histoire commence; 28.5. www.regards.fr/web/victoire-des-fralib-une-nouvelle,7767 (11.3.2018).

Byrne, Janet (2012): The Occupy Handbook, New York.

Cancino, Alejandra (2013): Former Republic Windows and Doors workers learn to be owners. Their co-op, New Era Windows, has had »ups and downs«. In: Chicago Tribune. 6.11.; articles.chicagotribune.com/2013-11-06/business/ct-biz-1106-new-era-windows

-20131106_1_armando-robles-17-workers-former-republic-windows (14.4.2014).
Castañeda, Ernesto (2012): The Indignados of Spain: A precedent to Occupy Wall Street. In: Social Movement Studies. 11(3): 1-11.
Castells, Manuel (2012): Networks of Outrage and Hope, Cambridge.
CDER (Centro de Documentación de Empresas Recuperadas) (2014): Nuevas Empresas Recuperadas 2010-2013, Buenos Aires.
Chedid Henriques, Flávio/Moreira Sígolo, Vanessa/Rufino, Sandra/Santos Araújo, Fernanda/Nepomuceno, Vicente/Baptista Girotto, Mariana/Paulucci, Maria Alejandra/Nogueira Rodrigues, Thiago/Rocha Cavalcanti, Maíra/Sardá de Fari, Maurício (2013): Empresas Recuperadas por Trabalhadores no Brasil: Resultados de um Levantamento Nacional, Rio de Janeiro.
COPAC (Co-operative and Policy Alternative Center) (2011): Beyond the Social Economy. Capitalism's Crises and the Solidarity Economy. Conference Report. University of the Witwatersrand, Johannesburg, South Africa. 26.-28.10.
Cossar-Gilbert, Sam (2016): #NuitDebout: A movement is growing in France's squares. In: ROAR Magazine. 6.4.; roarmag.org/essays/nuit-debout-republique-occupation/ (7.4.2016).
Cuninghame, Patrick (2015): Self-management, Workers' Control and Resistance against Crisis and Neoliberal Counter-reforms in Mexico. In: Azzellini (Hrsg.) (2015), 242-272.
Dangl, Benjamin (2007): The Price of Fire. Resource Wars and Social Movements in Bolivia, Oakland.
De Angelis, Massimo (2007): Measure, Excess and Translation: Some Notes on »Cognitive Capitalism«. In: The Commoner. 12: 71-78.
De Angelis, Massimo (2010): The Production of the commons and the »Explosion« of the Middle Class. In: Antipode. 42(4): 954-977.
De Angelis, Massimo (2013): Does capital need a commons fix? In: Ephemera. 13(3): 603-615.
De Angelis, Massimo (2014): Social Revolution and the Commons. In: South Atlantic Quarterly. 113(2): 299–311.
Dean, Jodi (2013): Occupy Wall Street: After the Anarchist Moment. In: Panitch, Leo/Albo, Greg/Chibber, Vivek (Hrsg.): Socialist Register 2013: The Question of Strategy, London, 52-62.
Dellenbaugh, Mary/Kip, Markus et al. (Hrsg.) (2015): Urban Commons: Moving Beyond State and Market, Gütersloh/Berlin/Basel.
Demirović, Alex (2009): Rätedemokratie und das Ende der Politik. In: PROKLA. 39(2); www.linksnet.de/de/artikel/24699. (13.3.2016).
Demirović, Alex (2014): Transformation und Ereignis. Zur Dynamik demokratischer Veränderungsprozesse der kapitalistischen Gesellschaftsformation. In: Brie, Michael (Hrsg.): Futuring, Münster, 419-435.

Dinamopress. (2016): Tesalónica: la economía debe ser controlada por los trabajadores. In: Diagonal. 12.11.; www.diagonalperiodico.net/global/32262-tesalonica-la-economia-debe-ser-controlada-por-trabajadores.html (20.2.2017).

El Agati, Mohamed (Hrsg.) (2017): Alternative Economy in the Arab region: »Concepts and Issues«, Tunisia (16.-17.9.2016); www.rosalux-na.org/wp-content/uploads/2017/05/AFA-book_Alternative-Economy-in-the-Arab-region_English-1.pdf (14.12.2017).

El Observador (2012): Envidrio recibió primer crédito del Fondes para empresas recuperadas. 9.10.; www.elobservador.com.uy/noticia/234340/envidrio-recibio-primer-credito-del-fondes-para-empresas-recuperadas/#divEnviar (14.4.2014).

Erbey, Miray/Eipeldauer, Thomas (2013): Sieg der Ausdauer. Besetzung, Widerstand, Produktion. In: Istanbul betreiben Arbeiter seit vier Monaten ihre eigene Textilfabrik. In: Junge Welt. Berlin, 2.11.

Escobar, Arturo (2001): Culture sits in places: Reflections on globalism and subaltern strategies of localization. In: Political Geography. 20: 139-174.

Esteva, Gustavo (2009): Otra mirada, otra democracia; www.rebelion.org/noticia.php?id=80143 (13.3.2016).

Esteva, Gustavo (2010): The Oaxaca Commune and Mexico's Coming Insurrection. In: Antipode. 42(4): 978-993.

EZLN (Zapatistische Armee der Nationalen Befreiung) (2016): Und in den zapatistischen Gemeinden? www.chiapas.eu/news.php?id=8685. (13.3.2016).

Fattori, Tommaso (2011): Fluid Democracy: The Italian Water Revolution. In: Transform! Magazine 9; transform-network.net/en/journal/issue-092011/news/detail/Journal/fluid-democracy-the-italian-water-revolution.html (20.6.2016).

Federici, Silvia (2011): Feminism and the Politics of the Commons. The Commoner; www.commoner.org.uk/wp-content/uploads/2011/01/federici-feminism-and-the-politics-of-commons.pdf (20.6.2016).

Federici, Silvia/Caffentzis, George (2014): Commons Against and Beyond Capitalism. In: Community Development Journal. 49(S1): i92-i105.

Feigenbaum, Anna/Frenzel, Fabian/McCurdy, Patrick (Hrsg.) (2013): Protest Camps, London/New York.

Flach, Anja/Ayboğa, Ercan/Knapp, Michael (2015): Revolution in Rojava. Frauenbewegung und Kommunalismus zwischen Krieg und Embargo, Hamburg.

Flaskô (2013): Invitation to the Conference of 10 years of Flaskô Occupied Factory – 14.-16.6.; www.fabricasocupadas.org.br/site/index.php/noticias/3327-invitation-to-the-conference-of-10-years-of-flas-

ko-occupied-factory-june-14th-to-16th-2013 (23.3.2015).
Flaskô (2015): Campanha pela adjudicação da Flaskô! 14.3.; unter: www.fabricasocupadas.org.br/site/index.php/noticias/3498-voce-apoia-a-adjudicacao-da-flasko-entenda-melhor-veja-quem-assina-e-apoie-esta-campanha (20.6.2016).
Gasparello, Giovanna (2009): Policía comunitaria de guerrero, investigación y autonomía. In: Política y Cultura. 32: 61-78.
Good, Kenneth (2017): Two Contrasting Springtimes: Tunisia and Egypt. In: Counterpunch. 10.10.; www.counterpunch.org/2017/10/10/two-contrasting-springtimes-tunisia-and-egypt/ (11.12.2017).
Graeber, David (2012): Inside Occupy, Frankfurt a.M.
Gramsci, Antonio (1967): Gewerkschaften und Räte (L'Ordine Nuovo, 11. Oktober 1919). In: Riechers, Christian (Hrsg.): Antonio Gramsci: Philosophie der Praxis – Eine Auswahl, Frankfurt a.M., 39-43.
Hardt, Michael/Negri, Antonio (2009): Commonwealth, Cambridge (deutsche Übersetzung: Common Wealth – Das Ende des Eigentums, Frankfurt a.M.).
Hardt, Michael/Negri, Antonio (2012): Declaration, New York (deutsche Übersetzung: Demokratie! Wofür wir kämpfen, Frankfurt a.M. 2013).
Harvey, David (1995): Militant particularism and global ambition: the conceptual politics of place, space, and environment in the work of Raymond Williams. In: Social Text. 42: 69-98.
Harvey, David (2000): Spaces of Hope, Berkeley/Los Angeles.
Harvey, David (2004): The New Imperialism. Oxford (deutsche Übersetzung: Der neue Imperialismus, Hamburg 2005).
Harvey, David (2006): Spaces of Global Capitalism. Towards a Theory of Uneven Geographical Development. London/New York (deutsche Übersetzung: Räume der Neoliberalisierung. Theorie der ungleichen Entwicklung, Hamburg 2007).
Harvey, David (2012): Rebel Cities: From the Right to the City to the Urban Revolution. London/New York (deutsche Übersetzung: Rebellische Städte. Vom Recht auf Stadt zur urbanen Revolution, Berlin 2013).
Harvey, David (2014): Foreword. In: Sitrin/Azzellini (2014), 1-4.
Heinrich Böll Stiftung (2013): Economics and the Commons. From Seed Form to Core Paradigm. A report on an international conference on the future of the commons. Berlin, 22.-24.5.; www.boell.de/sites/default/files/ecc_report_final.pdf (20.6.2016).
Helfrich, Silke (2008): Commons sind eine soziale Beziehung; commonsblog.wordpress.com/2008/03/31/commons-sind-eine-soziale-beziehung/ (20.6.2016).
Hernández, Candela/Kasparian, Denise (2013): El derecho al trabajo.

Expansión de las empresas recuperadas. Resistencia en la ciudad de Buenos Aires. In: Página 12. 18.8.

Holloway, John (2010): Crack Capitalism, London (deutsche Übersetzung: Kapitalismus aufbrechen, Münster).

Jongerden, Joost/Hamdi Akkaya, Ahmet (2013): Democratic confederalism as a Kurdish Spring: The PKK and the quest for radical democracy. In: Mohammad M.A., Ahmed/Gunter, Michael M. (Hrsg.): The Kurdish Spring: Geopolitical Changes and the Kurds, Costa Mesa, 163-185.

Jukic, Elvira (2015): Much-Loved Bosnian Company Rises From Ashes. In: BalkanInsight. 12.6.; www.balkaninsight.com/en/article/once-leading-bosnia-detergent-company-rises-from-ashes (8.9.2017).

Juris, Jeffrey/Ronayne, Michelle/Shokooh-Valle, Firuzeh/Wengronowitz, Robert (2012): Negotiating Power and Difference within the 99%. In: Social Movement Studies. 11(3): 1-7.

Kioupkiolis, Alexandros/Karyotis, Theodoros (2015): Self-managing the Commons in Contemporary Greece. In: Azzellini (Hrsg.) (2015), 298-328.

Klein, Hilary (2015): Compañeras: Zapatista Women's Stories, New York.

Klein, Naomi (2001): Reclaiming the Commons. In: New Left Review. 9: 81-89.

Kokkinidis, George (2015): Spaces of possibilities: Workers' self-management in Greece. In: Organization. 22(6): 847-871.

Korsch, Karl (1974/1921): Wandlungen des Problems der politischen Arbeiterräte in Deutschland. In: Ders.: Politische Texte, Frankfurt, 23-32.

Kouta Steel Factory Workers (2013): From the workers of Kouta Steel Factory in Egypt To the workers of Vio.Me Industrial Mineral Factory in Greece! Message of Solidarity. February 2013; www.viome.org/2013/02/from-workers-of-kouta-steel-factory-in.html (14.4.2014).

Kraft, Michael (2015): Insurrections in the Balkans: From Workers and Students to New Political Subjectivities. In: Horvat, Srecko/Stiks, Igor (Hrsg.): Desert of Post-Socialism: Radical Politics After Yugoslavia, London/New York, 199-222.

Larrabure, Manuel/Vieta, Marcelo/Schugurensky, Daniel (2011): The »New Cooperativism« in Latin America: Worker-Recuperated Enterprises and Socialist Production Units. In: Studies in the Education of Adults, 43(2): 181-196.

Linebaugh, Peter (2008): The Magna Carta Manifesto: Liberties and Commons for All, Berkeley.

Linebaugh, Peter (2014): Stop, Thief! The Commons, Enclosures, and

Resistance, Oakland.
Lopes de Souza, Marcelo (2014): Towards a libertarian turn? Notes on the past and future of radical urban research and praxis. In: City. 18(2): 104-118.
Luxemburg, Rosa (1899/1970): Sozialreform oder Revolution? In: dies., Gesammelte Werke, Bd. 1.1, Berlin (DDR), 367-466.
Lydersen, Kari (2009): Revolt on Goose Island: The Chicago Factory Takeover and What it Says About the Economic Crisis, Brooklyn.
Lydersen, Kari (2018): Revolts on Goose Island: A long fight pays off for Chicago window factory workers. In: Azzellini, Dario/Kraft, Michael G. (Hrsg.): The Class Strikes Back. Self-Organized Workers' Struggles in the 21st Century, Amsterdam.
Lynd, Staughton/Lynd, Alice (2000): The New Rank and File, Ithaca/London.
Maeckelbergh, Marianne (2011): Doing is believing: Prefiguration as strategic practice in the Alter Globalization Movement. In: Social Movement Studies. 10(1): 1-20.
Malabarba, Gigi (2013): L'autogestione conflittuale del lavoro. In: Bersani, Marco (Hrsg). Come si esce dalla crisi, Roma, 137-154.
Mandel, Ernest (1971): The Formation of the Economic Thought of Karl Marx. 1843 to Capital, New York/London (deutsche Fassung: Entstehung und Entwicklung der ökonomischen Lehre von Karl Marx [1843-1863], Frankfurt a.M. 1968).
Mandel, Ernest (Hrsg.) (1971): Arbeiterkontrolle, Arbeiterräte, Arbeiterselbstverwaltung. Eine Anthologie. Frankfurt a.M.
Marfleet, Philip (2013): Egypt: The workers advance. In: International Socialism. 139; www.isj.org.uk/?id=904 (14.4.2014).
Marx, Karl (1962): Das Kapital, Erster Band, MEW 23, Berlin (DDR).
Mason, Paul (2013): Why is it still kicking off everywhere? The new global revolutions, London/New York.
Massey, Doreen (2009): Concepts of space and power in theory and in political practice. In: Documents d'analisi geografica. 55: 15-26.
Mastrandrea, Angelo (2013): Roma – Officine Zero, la fabricca riconvertita. In: Il manifesto, 2.6.
Mattei, Ugo (2012): First Thoughts for a Phenomenology of the Commons. In: Bollier/Helfrich (Hrsg.) (2012), 37–44.
McAdam, Doug/Tarrow, Sidney/Tilly, Charles (2001): Dynamics of Contention, Cambridge.
Mészáros, István (1995): Beyond Capital. Towards a Theory of Transition, London.
Milan, Chiara (2018): »Bosnia and Herzegovina: From Workers' Strike to Social Uprising«. In: Azzellini, Dario/Kraft, Michael G. (Hrsg.): The Class Strikes Back. Self-Organized Workers' Struggles in the

Twenty-First Century. Amsterdam: Brill. 155-175.
Moati, Ayman Abdel (2017): Towards a collective alternative economy: Self-administration and cooperatives in Egypt. In: El Agati (Hrsg.) (2017), 57-82.
Muñoz Ramírez, Gloria (2003): EZLN: 20 + 10 – Das Feuer und das Wort, Münster.
Musić, Goran (2012): Jugoslawien: Arbeiterselbstverwaltung als staatliches Prinzip In: Azzellini/Ness (Hrsg.) (2012), 216-238.
Negri, Antonio (1992): Il Potere Costituente, Carnago.
New Era Windows Cooperative (2013): Our Story. Chicago; newerawindows.com/about-us/our-story (14.4.2014).
Njegovec, Ivan (2017): »Nedjekjni Intervju Dragutin Varga: Kako smo u ITAS uveli ›radničko samoupravljanje‹«. In: eVarazdin.hr. 7.5; evarazdin.hr/magazin/intervjui/nedjeljni-intervju-dragutin-varga-radnik-i-celnik-ivaneckog-itas-a-zauzeli-tvornicu-strajkali-gladu-i-uveli-radnicko-samoupravljanje-363445/ (14.12.2017).
Novaes, Henrique T./Sardá De Faria, Maurício (2014): ¿Para donde van las Empresas Recuperadas por los Trabajadores brasileños? In: Ruggeri, Andrés et al.: Crisis y Autogestión en el Siglo XXI. Cooperativas y empresas recuperadas en tiempos de neoliberalismo, Buenos Aires, 75-90.
Occorsio, Eugenio (2013): Le fabbriche ripartono senza padrone. In: La Republica. Le Inchieste. 17.6.; inchieste.repubblica.it/it/repubblica/rep-it/2013/06/17/news/le_fabbriche_autogestite_ripartono_senza_padrone-61256995/ (14.4.2014).
Ostrom, Elinor (1990): Governing the Commons: The Evolution of Institutions for Collective Action, Cambridge.
Ozarow, Daniel/Croucher Richard (2014): Workers' Self-management, Recovered Companies and the Sociology of Work. In: Sociology. 48(5): 989-1006.
Pepic, Andjela (2015): Reclaiming the factory: a story from Bosnia. In: OpenDemocracy, 15.6.; www.opendemocracy.net/can-europe-make-it/andjela-pepic/reclaiming-factory-story-from-bosnia (18.9.2015).
PFA (Programa Facultad Abierta) (2010): Las Empresas Recuperadas en la Argentina: Informe del Tercer Relevamiento, Buenos Aires.
PFA/CDER (Programa Facultad Abierta/Centro de Documentación de Empresas Recuperadas) (2018): Las empresas recuperadas por los trabajadores en los comienzos del gobierno de Mauricio Macri, Buenos Aires.
Polletta, Francesca (2002): Freedom is an Endless Meeting, Chicago.
Porcaro, Mimmo (2013): Occupy Lenin. In: LuXemburg 1/2013. 132-139.

Ranis, Peter (2010): Argentina Worker Cooperatives in Civil Society: A Challenge to Capital-Labor Relations. In: Working USA. 13(1): 77-105.

Ressler, Oliver (2012): Take the Squares. Wien: Film, 88 min.

Rieiro, Anabel (2015): Collective Self-management and Social Classes: The Case of Enterprises Recovered by Their Workers in Uruguay. In: Azzellini (Hrsg.) (2015), 273-297.

Rifkin, Jeremy (2014): The Zero Marginal Cost Society: The Internet of Things, the Collaborative Commons, and the Eclipse of Capitalism, Basingstoke.

Roberts, Alasdair (2012): Why the Occupy Movement Failed. In: Public Administration Review. 72(5), 754-762.

Roos, Jérôme E./Oikonomakis, Leonidas (2014): They don't represent us! The global resonance of the Real Democracy Movement from the Indignados to Occupy. In: della Porta, Donatella/Mattoni, Alice (Hrsg.): Spreading Protest: Social Movements in Times of Crisis, Colchester, 117-136.

Ross, Kristin (2015): Communal Luxury. The Political Imaginary of the Paris Commune, New York/London.

Roth, Karl Heinz (2008): Globale Krise – Globale Proletarisierung – Gegenperspektiven. Zusammenfassung der ersten Ergebnisse; www.wildcat-www.de/aktuell/a068_khroth_krise.htm (13.3.2016) (ausführlicher in: ders. (2009), Die globale Krise, Hamburg).

Routledge, Paul (2015): Geography and social movements. In: della Porta, Donatella/Diani, Mario (Hrsg.): The Oxford Handbook of Social Movements, New York, 383-395.

Ruggeri, Andrés (2010): Autogestión obrera y empresas recuperadas, límites y potenciales en el capitalismo neoliberal globalizado, Buenos Aires.

Ruggeri, Andrés (2014a): ¿Que son las Empresas Recuperadas? Autogestión de la clase trabajadora, Buenos Aires.

Ruggeri, Andrés (2014b): Crisis y Autogestión en el Siglo XXI. In: Ruggeri, Andrés et al. (2014): Crisis y Autogestión en el Siglo XXI. Cooperativas y empresas recuperadas en tiempos de neoliberalismo, Buenos Aires, 13-26.

Ruggeri, Andrés/Novaes, Henrique/Sardá de Faria, Maurício (2014): Crisis y Autogestión en el Siglo XXI. Cooperativas y empresas recuperadas en tiempos de neoliberalismo, Buenos Aires.

Sardá de Faria, Maurício/Novaes, Henrique T. (2012): Die Zwänge der Arbeiterkontrolle bei besetzten und selbstverwalteten brasilianischen Fabriken. In: Azzellini/Ness (Hrsg.) (2012), 503-527.

Schumacher, Juliane/Osman, Gaby (2012): Tahrir und kein Zurück. Ägypten, die Bewegung und der Kampf um die Revolution, Münster.

Scodeller, Gabriela (2012): Argentinien: Arbeiterkontrolle in Mendoza 1973. In: Azzellini/Ness (Hrsg.) (2012), 308-326.

Sitrin, Marina (2006): Horizontalism. Voices of Popular Power in Argentina, Oakland.

Sitrin, Marina/Azzellini, Dario (2014): They Can't Represent Us! Reinventing Democracy from Greece to Occupy, London/New York.

Slaughter, Jane (2012): UE Occupies Chicago Window Plant Again, and Wins Reprieve. In: Labor Notes, 24.2.2012.

Sowers, Jeannie/Toensing, Chris (2012): The Journey to Tahrir: Revolution, Protest and Social Change in Egypt 1999-2011, London/New York.

Söylemez, Aiça (2013): Kazova Resistance Ends With Victory. In: Bianet, 20.11.; www.bianet.org/english/labor/151460-kazova-resistance-ends-with-victory (14.4.2014).

Söylemez, Aiça (2014): Kazova Factory to Make Jerseys for Cuba, Basque Country. In: Bianet, 22.1.2014; www.bianet.org/english/labor/152996-kazova-factory-to-make-jerseys-forcuba-basque-country (14.4.2014).

Spanakos, Anthony (2016): Institutionalities and political change in Bolivarian Venezuela. In: Spanakos, Anthony P./Panizza, Francisco (Hrsg.): Conceptualizing Comparative Politics, New York, 215-242.

Syrovatka, Felix (2016): Nuit Debout: Frankreich gerät in Bewegung! In: PROKLA. 46(2): 317-323.

Teivainen, Teivo (2016): Occupy representation and democratise prefiguration: Speaking for others in global justice movements. In: Capital & Class 40(1): 19-36.

Teruggi, Marco (2015): Proletarios Unidos: recuperar, resistir y producir. In: Cultura Nuestra; laculturanuestra.com/proletarios-unidos-recuperar-resistir-y-producir/ (20.6.2016).

The Working World (2013): New Era Windows; www.theworkingworld.org/us/ex-republic-windows-and-doors/ (14.4.2014).

Troisi, Riccardo (2013): Le imprese »recuperate« in Europa. In: Comune-info, 11.11.; comune-info.net/2013/11/le-imprese-recuperate-europa/ (14.4.2014).

Tsiripoulou, Jenny (2016): Made in Tunisia: Women textile workers resist poor working conditions. In: Middle East Eye, 24.5.2016; www.middleeasteye.net/essays/struggling-social-justice-and-resistance-extractivism-north-africa-1031953489 (11.12.2017).

Umul, Fatma (2013): Für ein Leben ohne Chefs! In: ak – analyse & kritik. 587: 27.

Van de Sande, Mathijs (2013): The Prefigurative Politics of Tahrir Square: An Alternative Perspective on the 2011 Revolutions. In: Res Publica. 19(3): 233-239.

Vergara-Camus, Leandro (2014): Land and Freedom, London.
Vogiatzoglou, Markos (2015): Workers' transnational networks in times of austerity. Italy and Greece. In: Transfer: European Review of Labour and Research. 21(2): 215-228.
Wainwright, Hilary (2012a): Griechenland: Syriza weckt Hoffnungen. In: LuXemburg. 3/2012: 118-25.
Wainwright, Hilary (2012b): From labour as commodity to labour as a common; p2pfoundation.net/From_Labour_as_Commodity_to_Labour_as_a_Common (20.6.2016).
Walker, Tom (2013): Labour as a Common-Pool Resource. In: Social Network Unionism; snuproject.wordpress.com/2013/05/21/labour-as-a-common-pool-resource-by-tom-walker/ (20.6.2016).
Wallerstein, Immanuel (2000): A Left Politics for the 21st Century? Or, Theory and Praxis Once Again. In: New Political Science. 22(2): 143-59.
Wallis, Victor (2012): Arbeiterkontrolle und Revolution. In: Azzellini/Ness (Hrsg.) (2012), 20-45.
Wolff, Richard (2012): Democracy at Work: A Cure for Capitalism, Chicago.
Yörük, Erdem (2014): The long summer of Turkey: The Gezi Uprising and its historical roots. In: South Atlantic Quarterly. 113(2): 419-426.
Zelik, Raul/Tauss, Aaron (Hrsg.) (2013): Andere mögliche Welten? Krise, Linksregierungen, populare Bewegungen: Eine lateinamerikanisch-europäische Debatte, Hamburg.

Interviewpartner*innen

Abel: Verantwortlicher für den Bereich Produktion der Autonomen Gemeinde 17 de Noviembre, Autonomer Landkreis, Torbellino de nuestras palabras (ex-Morelia), Chiapas, Mexiko. Februar 1998.
Ait Ouaki, Rachid: Fabrique du Sud, Nimes, Frankreich, 30.1.2014.
Albrech, Manuel: Molino Osiris, Arbeiter, Buenos Aires, Argentinien, 18.2.2015.
Anagnostou, Makis: Vio.Me, Thessaloniki, Griechenland, 31.1.2014.
Angèle, Emiliano: Officine Zero, Rom, Italien, 31.1.2014.
Antillano, Andrés: Soziologe und Aktivist der Urbanen Landkomitees (CTU), Caracas, Venezuela. 20.4.2008.
Carugo Luzardo, Mauro: Alas Uruguay, Gründungsmitglied, via E-Mail, 3.3.2015.
Cazorla, Gérard: Fralib/Scop Ti, Gémenos, Frankreich, 31.1.2014.
Chedid Henriques, Flavio: Universidade Federal do Rio de Janeiro, Bra-

silien, Sozialforscher, via E-Mail, 6.3.2015.

Figuera León, Adys: Promotorin für populare Macht, Kommunaler Rat Las Charras, Kommune Los 7 Pilares Socialistas, Anaco, Anzoátegui, Venezuela, 11.2.2012.

Fuentes, Gustavo: Profuncoop, Arbeiter, Montevideo, Uruguay, 6.2.2015.

González, Ernesto: Arbeiter, Direktor RBA Kooperative Chilavert (Druckerei), Buenos Aires, Argentinien. 13.2.2015.

González, Julio: Arbeiter, Inveval, Los Teques, Venezuela, 9.4.2008.

Guerra, Pablo: Dozent und Forscher, Schwerpunkt: Solidarische Ökonomie, Juristische Fakultät, Universität der Republik, Montevideo, Uruguay, 3.2.2015.

Jiménez, Atenea: Nationales Netzwerk der Kommunard*innen Venezuelas, Belomonte, Caracas, Venezuela. 14.2.2012.

Karyotis, Theodoros: Vio.Me. Solidaritätsversammlung, Thessaloniki, Griechenland, 22.1.2016.

Lettiere, Massimo: RiMaflow, Trezzano sul Naviglio, Italien, 31.1.2014.

Lozada, Ayelen: 15-M Madrid, Physiotherapeutin, Madrid, Spanien. 8.1.2012.

M., Emanuel: Nac&Pop Congreso, Arbeiter, Buenos Aires, Argentina, 16.2.2015.

Martí, Juan Pablo: Dozent und Forscher, Schwerpunkt: Soziale und Solidarische Ökonomie, Sozialwissenschaftliche Fakultät und Wirtschaftsgeschichte, Universität der Republik, Montevideo, Uruguay, 3.2.2015.

Martínez, Ramón: Uruven, Arbeiter, Montevideo, Uruguay, 5.2.2015.

Novaes, Henrique T.: Universidade Estadual Paulista – UNESP Marília, Brasilien, Ökonom, via E-Mail, 8.3.2015.

Polti, Natalia: Lehrerin für das bachillerato popular im RBA Chilavert, Buenos Aires, Argentinien, 13.2.2015.

Robles, Armando: New Era Windows, Chicago, USA, 2.3.2014

Romero, Enrique: Arbeiter, Direktorium Funsa, Montevideo, Uruguay, 6.2.2015.

Ruggeri, Andrés: Universidad de Buenos Aires, Direktor des CDER, Buenos Aires, Argentinien, 15.1.2015.

Ruggeri, Andrés: Universidad de Buenos Aires, Direktor des CDER, Buenos Aires, Argentinien, 11.2.2015.

Sreckovic, Milenko: Novi Sad, Serbien, via E-Mail, 19.2.2014.

Torletti, Esteban: Haustechniker und Direktor der Genossenschaft Clínica Junín, Cordoba, Argentinien, 22.1.2015.

Vertrieb von Produkten aus RBA

Union-coop shop: In Deutschland hat der Verbund union-coop, ein Zusammenschluss von selbstverwalteten Betrieben, in denen alle Belegschaftsmitglieder die gleichen Rechte bei Entscheidungen und Entlohnung haben, sich Einzelne oder Dritte nicht bereichern können, und die sich um Transparenz und solidarisches Wirtschaften bemühen, einen Online-Shop eröffnet, in dem auch Produkte von Scop-Ti vertrieben werden. Produkte von RiMaflow und Vio.Me werden ebenfalls gerade in das Sortiment aufgenommen. Die Initiative entstand aus der Beteiligung an dem »Europäischen Treffen für eine Ökonomie der Arbeiter und Arbeiterinnen« 2016 in Vio.Me in Thessaloniki, Griechenland.
Online-Shop: www.union-coop.org/shop/
Liste von Verkaufspunkten in Berlin (Neukölln, Prenzlauer Berg und Wedding), Hamburg, Hannover, Jena, Kassel und Münster: www.union-coop.org/shop/verkaufspunkte/
Roots of compassion: www.rootsofcompassion.org/de/
Verkaufsstelle: Rudolf-Diesel-Straße 37, D-48157 Münster

Vio.Me-Produkte und andere solidarische Produkte:
colectivo: www.colectivo.org/
colectivo-Abholstation in Bremen: »*Gutes von gestern*«, Vor dem Steintor 79, D-28203 Bremen
Dr. Pogo, Karl-Marx-Platz 24, 12043 Berlin
Genuss im Bad: https://www.genussimbad.de/
Kaffeekollektiv Aroma Zapatista eG: www.aroma-zapatista.de
Neues Deutschland Shop: www.neues-deutschland.de/shop/

Vio.Me-Produkte (http://viomeberlin.blogsport.eu/)
AKU-Wiesbaden: aku-wiesbaden.info/solidaritaet-mit-vio-me-seife-beim-aku-kaufen/
Café Aufbruch, Hintere Schildstr. 18, D-44263 Dortmund
Feinkost Hellas: feinkost-hellas.de/de/viome
Infoladen im Exzess, Leipziger Straße 91, 60487 Frankfurt, http://www.exzess.info/infoladen/

VSA: Soziale & politische Prozesse

Ulrich Brand (Hrsg.)
Lateinamerikas Linke
Ende des progressiven Zyklus?
Eine Flugschrift
120 Seiten | € 11.00
ISBN 978-3-89965-700-5
Gibt es noch linke Perspektiven in Lateinamerika? Und was brachten die bisherigen Versuche, auf dem Subkontinent eine andere Politik umzusetzen? Ulrich Brand hat Expert*innen vor Ort befragt und stellt die aktuellen Debatten dar.

Prospekte anfordern!

VSA: Verlag
St. Georgs Kirchhof 6
20099 Hamburg
Tel. 040/28 09 52 77-10
Fax 040/28 09 52 77-50
Mail: info@vsa-verlag.de

Bernd Gehrke/Gerd-Rainer Horn (Hrsg.)
1968 und die Arbeiter
Studien zum »proletarischen Mai«
in Europa
352 Seiten | € 29.80
ISBN 978-3-89965-828-6
Die Neuauflage des erstmals 2007 erschienenen Versuchs, für Europa die oft unterschätzte Rolle der Arbeiterschaft in den Ereignissen um 1968 aufzuhellen. »1968« gilt weithin als Studentenrevolte, als Jugendprotest. Doch das eigentliche Subjekt der Bewegung sollten im Verständnis damaliger Akteure die Arbeiter sein. Dieser Band beinhaltet 13 Fallstudien zum Wechselverhältnis von Arbeiter- und Studentenbewegung in ost- und westeuropäischen Ländern sowie eine Einführung zum europäischen Vergleich.

www.vsa-verlag.de